都会の異界

東京23区の島に暮らす

高橋弘樹
Hiroki T[illegible]ashi

産業編集センター

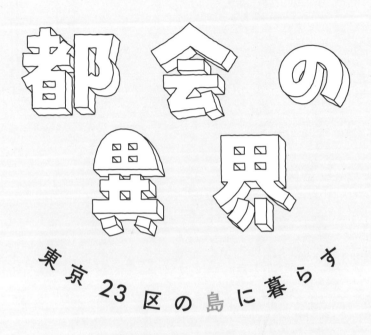

本書でめぐる島

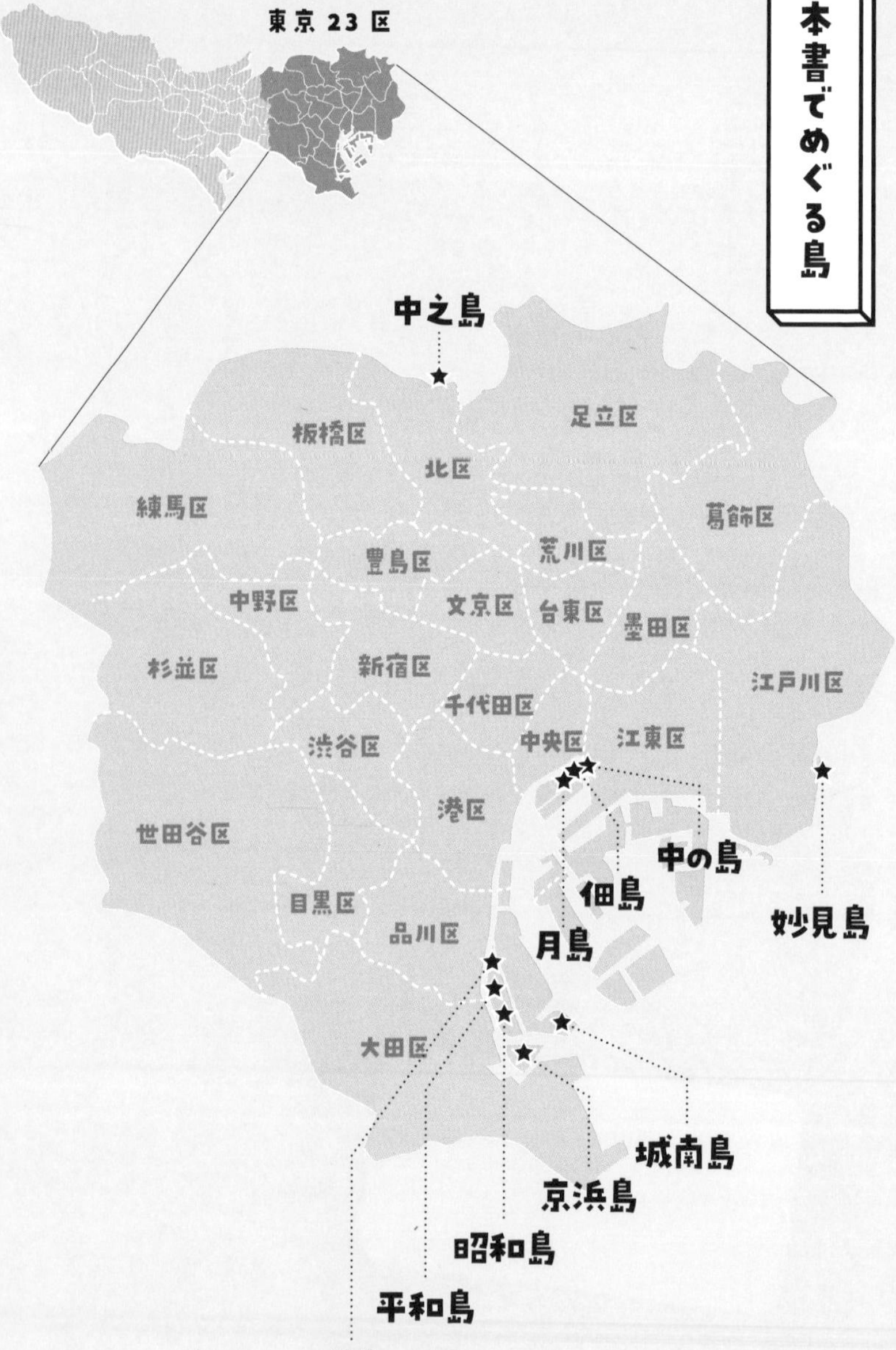

東京23区
中之島
足立区
板橋区
北区
練馬区
葛飾区
荒川区
豊島区
中野区
文京区
台東区
墨田区
杉並区
新宿区
江戸川区
千代田区
中央区
江東区
渋谷区
港区
世田谷区
目黒区
品川区
大田区
中の島
佃島
月島
妙見島
城南島
京浜島
昭和島
平和島
勝島

はじめに

「東京23区の島」。

銀座から４分。品川から15分。赤羽から10分。


そこは朝っぱらから醤油の匂いまみれで、お腹が空く「異界」！

そこは人生の矛盾にぶつかった時に、逃げ込める「異界」！

そこはレトロな町工場が、ニューヨーク風に密集する「異界」！

そこは時間の流れが異なり、時空が歪んでいる「異界」！

そこはラブホテルで、モン・サン＝ミシェル味わえる「異界」！

そこは50すぎのおじさんが、半裸で手招きしてくる「異界」！

そこは登場人物が全員おもしろい、日本と少しずれた「異界」！


東京23区には、そんな10以上の「島」がある。

東京を訪れたら、ぜひ訪れて欲しい。住んでいたら、即行って欲しい。

首都・東京にある、知られざる「異界」巡りは、「幸せとは何か？」を教えてくれる巡礼の旅だ。

都会の異界　もくじ

第1章

早朝の佃島

～銀座から4分、漁師の島に住む～

7
中央区
佃島

朝さんぽ

朝の、もっとも不快でない目覚め方とはどんなものだろう。


あさ6時に目が覚めた。

佃島には島特有の静けさがある。朝はなおさら。

だから、遠くで船が水を切る音が寝室に届き、眠りが浅いときは目覚まし時計の代わりになる。

そして、気持ちいい光の中で目覚めた時も、憂鬱な気分で目覚めた時も、目覚まし時計より早く目覚めた時の最高の過ごし方は、さんぽだと思う。


佃島は、四方が隅田川と運河で囲まれている。

北西の中央大橋を西へ渡れば、そこは八丁堀、そしてすぐに東京駅だ。

南西の佃大橋を西に渡れば、そこは築地明石町、そしてその少し先が銀座だ。

北東の相生橋を渡れば越中島。南東の朝潮大橋を渡ればすぐに豊洲である。

南には月島があるが、佃島と月島の間は佃大橋から続く晴海通りで隔てられ、佃島だけが独特の離島感を醸し出している。
島の北端から川沿いの遊歩道を南西に向かって歩いて行くと、まだ7時にもなっていないというのに、ウォーキングをしている人がいる。健康感が眩しすぎて、つらい。
このあたりを流れる隅田川は、「川」といっても、もうすぐ海の、いわゆる「河口」だ。川幅は広く、淡水に塩水が混ざりはじめ、潮の香りがほのかに漂う。まさに「島にいる」という感じがする。

東京23区で、島に住みはじめて2年がたった。

都会にいながら、田舎にすみたい。ずっと、そう思っていた。人間関係も疲れるし、都会の喧騒から離れて暮らしたいと思っていた。

元来人付き合いが得意ではないのだ。

でも、東京23区に住みたい。そうも思っていた。思い立てばすぐに、夜も賑やかな場所にいける幸せもある。

元来さみしがりやなのだ。人付き合いが得意でない分際で。

矛盾だらけだった。

人付き合いが苦手なのに、人がいないと寂しい。

仕事が忙しいが、家庭も大切にしたい。

結果、田舎に住みたいが、東京に住みたい。

そこで導き出した結論だ。

「東京の島に住むか」

「東京の島」と言っても、伊豆諸島のことではない。伊豆諸島も憧れるが、到底通えない。思い返せば高校生のころから23区内の「島」を訪ね歩き、仕事を始めてからも折に触れて、東京23区の島を訪ね歩いた。そして、ついに住むことにした。

いちばん幸せな暮らしとは何か？　それは、「市中の山居」だと思う。都会の中で、田舎のような住まいをすることだ。佃島は東京駅まで自転車で10分。それが東京でできる場所が、佃島だと思ったのだ。

現在の地名「佃」は、実は２つの島から成る。北部のタワーマンションが林立するあたりは、そのむかし石川島と呼ばれていた島だ。江戸時代は無宿人や引取人のいない刑期満了者の収容施設「人足寄場」があった島として、日本史の教科書にも登場する。

その後近代に入り、１９７９年までは石川島播磨重工の造船所だったが、現在は取り壊され、跡形もなくなってしまった。再開発で整備されたその跡地はすっかり様変わりし、今では散歩するのにうってつけの場所だ。

潮風をかすかに感じながら南に歩いて行くと、やがて水門にたどり着く。この水門の先が、江戸時代から佃島と呼ばれていた、本来の佃島。昔からの漁師町だ。江戸時代は白魚などを採り、将軍に献じていたという記録も残っている。このあたりまで車が入り込んでくることはあまりなく、島ならではの静寂さがある。古くて立派な木造家屋と、現代風の一軒家が交互に入り乱れる独特のエリアだ。

亀と釣りおじさん

やることもないので、住吉神社に向かって歩いてみた。川沿いから鳥居までは30メートルほどだろうか。両脇の民家からは、ダシのいい香りがする。朝餉の準備をする軒先の匂いは、人を幸せな気持ちにさせる。

何を作っているのかが気になり、思わず、開いている台所の窓から不自然に見えぬ姿勢で中を覗きかけたそのとき、

「ガタっ」と音がした。ビクッとする。まだ未遂ですから。覗いてないし。

……カメだった。

軒先に、箱に入れられたミシシッピーアカミミガメがいたのだ。20センチはあるだろ

うか。大きなカメだ。箱は30センチくらいなので少し窮屈そうにみえた。

「おい、散歩させてくれ」

カメも、自由に歩きたいだろうなと思う。

せめて朝ごはんを食べる子ども達が学校から帰ってきたあとは、少しだけ自由に散歩させてあげていればいいな、と思った。

さらに神社に近づくと、おばあさんが鳥居の前を掃いている姿が見えた。信心深いのか、神社の方か。朝、道を掃き清めるという行為が見ているこちらの気持ちまで清めてくれる気がした。

汚れきった心を少しだけ清めてもらって鳥居をくぐると、境内は静まり返っている。手水の水もまだ出ていなかったので溜まった水で手を洗い、一応コロナ予防のため、口だけはすすがずにゆるしてもらう。

住吉神社には海の神様が祀られ、このあたり一帯の漁師の信仰を集めてきた。神殿の奥には、隅田川の水を島内に引き込んだ小さな運河、佃支川がある。

シンとした境内で神様と向き合う。古い木の香りが心地良い。

賽銭箱の前で何を祈ろうかと少し考えていると、スッと隣におじさんが来た。

礼をして、柏手を打つ。

迷いなく、お祈りをする。

シーンとする。礼をして立ち去る。

また、シンとする。

こんな朝早くに、一体何をお願いして出かけていったのだろう。

静寂だけが、残った。

広場に出た。佃島の真ん中には大きな広場がある。広場の近くには佃小橋という朱塗りの橋がある。佃支川はその先の佃堀で行き止まりとなる。

佃堀からの景色は、まるで江戸と現在が混ざり合ったかのような不思議な景色だ。このあたりはかつての漁師町の中心地で、多くの船が停泊している。佃小橋の脇にはかつての漁協の詰め所もある。いまはもう漁師として生計を立ててはいないが、船はしっかりと手入れされている。いまも海とともに生きているのだろう。

もう40歳近いおじさんなので、ベンチで一息つく。

すると、もっと先輩のおじさんが現れた。

自転車に乗って、颯爽と、おじさん。

この島では、油断をすると、スッととなりにおじさんがくる。

自転車に積んだ荷物から察するに、釣りをしに来たらしい。

島の朝は早い。釣り人というのは、暇つぶしに眺めさせてもらうのにうってつけだ。自分で餌をつけると手が汚れるし、なんか釣ったら食べなきゃいけない罪悪感にかられるし。でも、東京の魚、ちょっと食べたくないし。

誰かがやってくれてる釣りを眺めるのは、とても気楽な娯楽だ。

しかし……。

釣りおじさんは自転車を降り、川を眺め、とりあえずベンチに座り……。

「?」なかなか始まらない。「え?」チャリ置いたまま、どっかいっちゃった。

もう、ここに来てからゆうに10分はたっている。

せっかく早く起きた朝だから、ゆったりした時間を楽しもうと思ってきたのだが、なぜか焦り始めた自分がいた。

そのうちおじさんが戻ってきた。よかった。堀の先で、水を汲んできたらしい。

知らないおじさんが、どこかに行っただけでドギマギし、戻ってきただけで安心する。

島の時間の流れは、人間をどうかさせる。

さぁ、水も汲んだし、いよいよ始まるぞ。ですよね、おじさん。ねえ。

……おじさん？

おじさんは、運河の手すりに、木の箱をくくり始めた。今度はなに？

もう、ベンチに座ってなどいられなかった。運河を覗くふりをして、極めて自然に席を立つ。運河を覗く。

そして、一瞬の隙を見てチラ見する。木箱の中を。おじさん、何をした！

餌だった。ゴカイだ。

なんで、このおじさんの一挙手一投足にこんなに振り回されてしまうのか。そもそも餌なんて、床においた道具一式の中からとればいいいと思う。

でも、それは違うのだ。ゆっくり時間をかけて、運河を眺めてから、水を汲む。

ゆっくり時間をかけて木箱を、運河の手すりにかける。

綺麗に手入れした木箱を使う。

運河の手すりにくくるバンドは、佃小橋と同じ雅な赤だ。

そう、これはもはや所作だ。

所作に違いない。茶道の所作そのものだ。

時間をかけて、１つ１つの所作を丁寧に作り上げる過程に、楽しみと思想が詰まっている。

釣りは、確かに考えてみれば、釣ることが目的ではないはずだ。なぜなら、魚を食べたいならば、買ったほうがはるかに効率がいい。そしておいしい。だって水のきれいなところで採れた魚なんだから。

東京で、魚を釣ろうという行為自体が、すでに釣ることが目的であるはずがないのだ。考えれば当たり前のことが、忙しすぎると見えない。

私はこのおじさんが来た時、

「早く釣ってくれ」

と心のどこかで思っていたのだ。釣りなんだから最大の楽しみは、何が釣れるか、そこであると。

忙しすぎる生活は、大切な物事の本質を見失わせる。

なんのために働き、なんのためにお金を稼ぐのか。慌ただしくせかせかと立ち働いているうちに、いつしか、本当の目的を見失うのだ。

「釣りおじさん、ありがとう」

この一連の動作があってこその「釣り」なんですよね。さぁ、いよいよ釣りだ。でも、ここまでが大切な時間だったんですよね。わかります。けれど、ここまできたのだから、見届けさせて下さい。

何が釣れるのか。さぁ。

「プシュ」

おじさんは、缶チューハイを開けた。

「え？」

おじさん、まだ釣らないの？

島の時間

釣りが始まったのは、おじさんが来てから20分以上経ってからだった。

「お近くなんですか？」

「うん近く」

「よく来るんですか？」

「うん。」

おじさんが、糸を垂らすと、すぐに魚が釣れた。

一応ウキは付いているが、あまり見ていない。佃堀は、つい最近堀さらいをしたからか、水が澄んでいる。

おかげで水中の魚の動きが良く見える。糸を垂らすと、小さい魚の群れが集まる。魚の動きをみて、おじさんは竿を動かす。

釣れたのは、ハゼだ。江戸前のハゼは有名だ。東京の下町では初夏、ハゼ釣りをするのが子どもの楽しみだ。深川で育った私も小さい頃、良くハゼ釣りをしたものだ。

この辺りの屋形船も、客にハゼを釣らせ、その場で天ぷらにして供する。

ハゼの天ぷらは、初夏の風物詩なのだ。


ハゼは面白いように釣れてゆく。このあたりの旧漁師町には、一軒家が立ち並ぶ。元漁師も多い。

おじさんも、昔は漁師だったのかもしれない。ハゼの佃煮も、佃島の名物だ。

「釣ったハゼは、どうやって食べるんですか？」

「食べないよ」

「え？」

体に染み付いた思考の癖というのは、ちょっとやそっとで、変わるものではない。思い込みや先入観、推測で人を見ること。行為には全て目的があると思い込むこと。忙しさが産み出した、効率化の産物を、私はまだ捨てきれていないようだった。

こうした、思考の癖は、じっくりゆっくり溶かしていく以外ないのかもしれない。一度や二度の体験では、人は変われない。暮らしの中で、ゆっくりとそうした体験を何度も味わっているうちに、気づいたら自分の価値観が変わっていた……。そういう類のものなのだろう。

しばらく釣りを眺めた後、広場の方に戻りながら考えた。広場のどん詰まりは、隅田川だ。彼岸は、高層ビルが林立する、まさに東京の中心地だ。だが再び此岸に目を向けると、島の広場は静まり返っている。

木造建築の駄菓子屋や酒屋が建ち並ぶ広場の光景は、対岸とあまりに違う。

このあたりには昔、「佃の渡し」があり、船でなければ来ることができなかった。それゆえ、佃島の交番は、今でも東京都内で唯一の駐在所。おまわりさんが住み込んでいる。この広場までは車もあまり入って来ない。やはり、ここは別世界なのだ。

「雪降れば　佃は古き　江戸の島」

と書かれた石碑が建っている。時代にいつも取り残される佃を愛し、懐かしみ、昭和30年代に『佃の渡し』という演劇の脚本を書いた、劇作家・北條秀司の句だ。

「朝はなお　佃は遠き　昭和島」

昭和中期に「江戸の島」と歌われた佃は、令和2年の今、昭和の風情が残っている。

旅が好きで、そして仕事でもこれまで様々な島を訪れてきたが、離島はいつもそうだ。

島の時の流れは、時代に追いつかない。

だからこそ、島への旅は立ち止まって自分の人生を考え、見つめ直す時間を与えてくれる。

東京にある離島、佃島での暮らしも、そうだ。

どこか速さの異なる時間の流れが、彼岸での生活を見つめ直させてくれる、不思議な島だ。

ガタ。

また音がした。広場の脇の家でも亀を飼っていたのだ。

この島の住民は、本当に亀が好きだ。

でも、亀の動きでさえ、この島の時の流れに身を委ねてしまうと、せわしなく感じる。

学校へ向かう、子どもたちの声が聞こえてきた。そろそろ家へ戻り、仕事へ向かう時間だった。

第2章

佃島観光

～東京23区の島、観光してみた～

佃掘の船溜り（2020年）

超「地元の島」ツアー

「そうだ地元、いこう」

ある日、自分が現在住んでいる場所を「観光」してみることにした。

秋雨の続く合間に訪れた、ある9月の晴れの日。散歩も楽しいけれど、せっかく住んでいるのだから、しっかり探検してみたいと前々から思っていた。それに、少し早めに佃の「路地」を探索しておきたい。そう思う理由ができたのだ。

佃島は、安土桃山、江戸、明治、大正、昭和、平成、令和という、7つの時代の息吹が感じられる、稀有な島だ。

「23区にある」「自然の」島という特異な条件がそれを可能にしている。

「23区にある島」は他にもたくさんある。しかしその殆どはゼロから海を埋め立てられた人工島だ。時間の積み重ね方がどうしたって違ってくる。

もちろん「自然の島」として佃島よりも前から存在している島は、地方にいけば多くある。しかし、佃島のように綿々と何世代にもわたる濃密な文化の痕跡が残っているような島は滅多にない。江戸というカルチャーの中心地にありながら、江戸時代以後は様々な要因により隔離され続けたことにが、この地を奇跡的にこうした状況たらしめた。

まずは土地の神様にお参り。いつも散歩で訪れる住吉神社だ。

「どうか健康で暮らせますように」

最近いろいろあったから、そう祈らずにはいられなかった。

念入りに身体健全を祈願したあと、ふだんは何気なく通り過ぎてしまう境内を丹念に見て歩く。境内には、いくつものプチ神社、摂末社がある。

龍神社は水を司る神さま。龍姫大神を祀るとある。「佃島漁業協同組合」の文字が彫られた門柱の奥にある社をのぞきこむと、船魂神社。まだ新しい小さな紙コップに注がれたお茶が供えられている。

入り口近くには、木に囲われてあまり目立たないが、将棋の駒を少し縦長にしたような大きな茶色の石碑がある。「鰹塚」とあり、江戸時代より住吉大神を生業繁栄の守護神としてきた、鰹節問屋が建てた石碑と碑文にある。

航海・港の神を祀る住吉神社

住吉神社自体が、海の祭神を祀り、航海や港の神として崇拝されてきたのだが、境内を細かくみていくと、佃に根づく島の息吹きが、そこかしこに感じられる。

メインの鳥居の扁額は、めずらしく陶製だ。白地にコバルトブルーに近い呉須色で「住吉神社」と書かれている。また、石造りの水盤には天保十二年・白子組とある。白子組とは木綿を扱う、江戸の大問屋。

水盤舎の欄間には、四方に江戸、明治時代の佃の様子を描いたと思われる透かし彫り。和服の旅客らしき人を乗せた和船の渡し、網を打つ漁師や砂浜で魚を手づかみする人々、そして白帆を貼って荷を運ぶ廻船が描かれている。

漁師たちだけでなく、陶器問屋や、木綿問屋といった水運とゆかりの深い人々からも篤く信仰されていたのだろう。

ミクロな視点で丁寧に観察し、静かに刻まれた先人の思いを読み解いていけば、佃島を、より「島」として味わえる。

しかし、二つだけわからない謎が……。

境内の隅にある二宮金次郎像が、なぜか座っている。「歩きながら本を読むと目を悪くなるバッシング」が元で作られるようになった正座する新二宮金次郎像ではなく、結構前に作られたっぽいのだけれど、ナチュラルに座ってる。

なぜなのか……。なかなか珍しい二宮金次郎像だ。

そしてもう一つ。境内にただ一文字、「信」と書かれた大きな石碑。

黒に近い鈍色、縦横1メートル程だろうか。ピカピカに磨かれているが、これだけ一切由来書きがない。よほど信心深い氏子さんが奉納したのか、それとも神主さん座右の一文字か。

社務所に聞くしかない。……が人がいない。

「すみませーん」

「はーい」

奥から人が出てきた。

「あ……すみません。このお守り一つください。」

横から見ると座ってる二宮金次郎

奥から人を呼び出しておいて、いきなりこちらの都合で質問するほどのメンタルタフガイではない。とっさの判断で、最も安いと思われる３００円の家内安全守りをオーダー。

そのお守りを紙袋に包む間に、さりげなく聞いてみる。

「あのー。あそこに『信』って書かれたの石碑があったんですけど、あれはどういう意味なんでしょうか？」

「あー。あれはね、むかし氏子さんたちの間ですこし揉め事があってね。で、もうそういうことは、しないようにって」

え？

……想像してたのと違った。

「はい、どうぞー」

「あ、どうも。ありがとうございました」

旅する中で様々な神社を訪れたが、初めて聞く類の石碑の由来……。驚きのあまり二宮金次郎の謎は聞きそびれた。

佃煮と本能寺の変

せっかくなので、一番メジャーな住吉神社だけでなく佃島の神社をぜんぶ回ってみることにした。神社から少し歩くと、佃煮屋が4軒密集する。

　江戸時代から続く老舗ばかりだ。下見板張りで焦げ茶色という、昔ながらの木造建築に、紺色の太鼓暖簾が目印の「天安」。その数軒となりにある、これまた古風な引き戸が可愛い田中屋。いかにも老舗という佇まいで、期待感が高まる。天安に入ると、ガラスケースに、ハゼや昆布、たらこ、うなぎ、アミ、エビといった佃煮がずらりと並ぶ。その奥は小上がりになっていて、割烹着をきた店員さんが注文した佃煮を取り分けてくれるのだ。めずらしく、きょうは生姜の

朝から佃煮を仕込む醤油の香りが漂う

佃煮がある。

「こんぶと、生姜をください」。

食べたことない生姜と、間違いのない定番のこんぶを注文。食べたことないものに興味はあるが、まずくてがっかりするリスクに保険をかける、非常な卑怯な注文方法だ。

だが、こんぶやシラウオ、そして「江戸風味」と言われるカツオ節は、間違いなくうまい。それまで、朝ごはんを食べる習慣はなかったが、佃に住んでから、この佃煮を白飯と食べたいという理由だけで、朝ごはんを食べる習慣ができた。

佃煮はこの佃島が起源と言われる。このあたりの住民は、安土桃山時代に徳川家康に呼び寄せられて、大阪の漁村・佃村というところから移住してきたと言われている。それ以降代々幕府からシラウオ漁の特権をもらい生業としてきたが、その時とれた雑魚を、保存食として醤油やみりんで煮しめたものが、佃煮の起源だ。

では、なぜ徳川家康が、わざわざ大阪から彼らを呼び寄せたのか。諸説あって真偽は定かではないが、本能寺の変の時、大阪に滞在していた徳川家康を大阪の佃村の人々が助けたからだという説もある。

明智光秀が京都の本能寺で織田信長を討った際、徳川家康はすぐ近くの大阪に滞在していた。当然、信長の盟友である家康の命はあぶない。そこですぐに脱出しようとしたものの、神崎川という川を渡る船がない。その時、大阪の佃村の住民たちが、船を出して助けたという。これに感謝して、徳川家康が関東に入った際、佃村の住民を従えるなど結びつきを深め、その後幕府から佃島を拝領したという。

この説の真偽はわからない。家康が本能寺の変が起きた天正年間に大阪佃村を訪れたこと、そしてその際に神崎川を佃村の漁民の船で渡ったことは住吉神社にも記されているが、その他は口伝だ。だが事実であるなら、明智光秀さん、こんなにもおいしい佃煮と、健康な朝ごはんの習慣をありがとう。

「はい、どうぞ。」

包んでもらった佃煮を受け取りながら、何気なく気になった張り紙を口に出してみた。

「イナゴの佃煮あるんですか……」

「季節限定であるんですよ。だいたい十月くらいからなんだけど、今年は少し早く入ったから」

「へえ。国内でとれた野生のやつなんですか？」

「そう。山形だって」

イナゴの佃煮、聞いたことはあるけど初めて見る。見た目は完全に虫。当たり前だ、虫

なんだから。立ち去ろうとすると、

「食べてみる？」

「え？」

割烹着のマダムは、大きな桶に山盛りになったイナゴさんたちの中から、一つ選んで差し出してくれた。

「……」

「好きな人は、好きなんだよねー。エビみたいで、いちばんおいしいっていうよ。」

イナゴと、目があう。

気持ちを一生懸命、タンパク源の少ない山奥の農村に住む江戸時代の村人モードに切り替える。すると、次第にご馳走に思えてくる……はず。

やや入りかけたその時、勢いで食べる。

……。

意外においしい。たしかに食感は、エビに似ている。パリパリ系だ。甘辛い味付けは食べやすいが、噛むとプシュッと、少しだけ液体のようなものが出た気がする。そして飲み込んだあと、かすかに舌に、何か味覚が残る。たとえていうなら、なんか石っぽい……。

「ありがとうございました」

「また来てね」

明智光秀のおかげで虫を食べることになった。歴史の因果は、計り知れない。


佃煮屋街を抜けて、佃堀にある小神社へ。佃堀の突き当たり辺りに出ると、茶色と白の真新しい一軒家二棟に挟まれて、「森稲荷神社」がある。佃から移り住んだ当時の島の有力者、森家がかつてここにあり、その敷地内にあったお社であると由緒書きに書かれている。その森家の敷地であろう隣の家をのぞくと……ん？　カットフルーツ教室？

包丁一本でメロンを彫ると、ミッ◯ーマウスや、ド◯えもんや、キ◯ィちゃんが作れるらしい。1dayからレッスン可能だそうだ。

森さんも、400年ほどのち、自分の家の敷地がカッティングフルーツ教室になるとは思いもよらなかっただろう。

森稲荷神社のある佃堀の行き止まりからの景色は、佃島の魅力を凝縮した景観だ。手前には江戸の風情を醸し出す赤い太鼓橋の佃小橋。その奥にタワーマンション群が林立する。以前は佃小橋の手前に、古びた船が停留し、漁村の趣がより強く残されていたが、いまは綺麗に整備された。

それでも、400年間という時空を1枚のフレームの中に納めたこの構図は、400年という時空をギュッと、一つの島の中に凝縮した佃島の魅力のビジュアライズそのものだ。

紫の服をきた80歳くらいに見える老婆が、佃堀のどんつきからその景色を眺めている。

ずっと……。ずっと……。

ん？　ずっと……。

5分位景色を見ていた老婆が、ようやく歩行補助用のシルバーカーを押して歩き始めた。その奥で、乳母車を押した外国人らしき夫婦が、また1枚の構図の中で交錯する。佃の高層マンション群には、外国人も多く住んでいる。

老婆は去っていた。

どんな思いで、変わりゆく島を眺めていたのか。

……と思ったら、突然180度進行方向を変え、戻ってきた。

何か忘れ物……？　いや、まだ公園のベンチに座ってボーッとするようだ。

短パン1丁、上半身裸で熱心に京都の観光ガイドを読むおじさん。

釣りをするおじさんのラジオから流れてくる、森山直太朗への恋愛相談。

カオスな元漁師町を抜け、佃堀の対岸にある神社へ足を運ぶ。

立派な石造りの囲いで仕切られた、6畳ほどの空間にお社が2つ並んでいる。お参りしようと中へ入ると、一心不乱に何かを

拾うおじさんにでくわした。

この島には本当にたくさんの気になるおじさんがいる。

そそくさとよけながらお参りをする。二つのお社は、一つが正一位波除稲荷大明神。日本のお稲荷さんは多くが正一位だが、正一位は天皇からいただく位階の最高位であり、ググると織田信長が1917年に没後贈位されて以降、現在まで授与されていないらしい。吉田茂や佐藤栄作といった、いまの日本の礎を築いた総理大臣たちでさえ従一位だ。お稲荷さんはすごい。

お賽銭を入れ、気持ちを込めて、丁寧にお祈りする。

「身体が健康でありますように」

隣に並ぶお社は、於咲稲荷大明神。木製の細かい格子戸にガラスが嵌め込まれており、中がよく見えない。格子の隙間から少しだけのぞかせてもらうと、白い陶器製らしいお稲荷さんが御神体をまもっている。その横に「疫病退散願い」と手書きで書かれたお札のようなものが立てかけてある。そして、お供えにパックの「鬼殺し」。強力そうだ。

お賽銭を入れ、気持ちを込めて、丁寧にお祈りをする。

「身体が健康でありますように」

思い返せば佃島、疫病退散を願うお社は、ここだけはない。住吉神社境内の摂末社の中にも、疫神社と疱瘡神社という名の神社がある。

かつて、橋がかかっていなかった佃島では、疫病の存在は、島の誰かがかかってしまえばたちまち狭い島内に広まり逃げ場がない、恐ろしいものであっただろう。

と同時に、それはなんとか水際で防げる、防ぐべき対象の害悪でもあっただろう。その切実な気持ちがこの近い距離に、3つの疫病退散を願う神社が存することからもうかがえる。

それは、日本という島国で、2020年に日本国民みんなが抱いた思いと同じものではないだろうか。グローバル化という言葉がもてはやされて久しいが、2020年ほど、日本が島国であることを意識した年はないだろう。

地理的、人的つながり双方で、わたしたちは自分たちの「境目」をどこに再設定するか、その再定義を求められているのでは……

「ジャーーーーーー」

え？

鬼殺しを供えられた疫病退散の神様から振り返ると、さっき何かを拾っていたおじさんが、手水に水を貯めはじめた。

「あのー」

何をする気だろう。これはもう、話しかけるしかない。

「この、『さし石』って、なんなんですか？」

謎のおじさん相手に、いきなり本題に入るほど、リスクをとる生き方はしない。

境内にある大木の根元に寄りかかった、「さし石」と赤字でかかれたグレーの石が気になっていたので、それについて聞いてみた。大きさは50センチほど。ただ、「さし石に触れないでください」と注意書きがすぐ上の木に貼り付けられていたので、少し怖いな、と思っていたのだ。

「ああ、これはね。昔力比べをしたんだわ」

なるほど、漁師町の男たちの遊び道具だったというわけだ。

「でも、なんで触ってはいけないんですか？」

ゴクリと生唾を飲み込む的な雰囲気で尋ねて

みる。

「あぶねーからな。子どもたちがこれで、遊んでケガすっから」

よかった。祟りとかではなかった。夜の帰り道、回答次第ではあやうくこの前を通れなくなるところだった。このおじさんなら色々聞いても大丈夫そうだ。

「あの、さきほど、何を拾ってたんですか？」

「ああ、銀杏だよ。もう、たくさん落ちちゃって、拾わないとしょうがないから。毎日来て掃除してるの。ほれ」

全然気づかなかったのだが、境内の端っこにはもう一つさし石があった。

そして、その裏に隠した40センチほどの袋いっぱいに詰まった銀杏を見せてくれたのだ。銀杏はビチビチにつまっている。

じつは1ヶ月ほど前、上の親知らずを抜いたら根が深すぎて手術中鼻まで貫通。膿が鼻腔や眼窩にまわりまさかの入院という、しょうもないていたらくとなった。39歳という年齢がもたらす体の衰えを感じ、身体健康の大切さが身にしみていたが、それ以来、鼻の調子がよくなく、嗅覚が少し弱まっていた。

だが、そんな鼻の不調も、なんなく突破して、銀杏特有のあの匂いが、強烈に体内に迫ってきた。

「こんなに採れるんですね」

「これがまだ、3袋あるんだから」

え？

「食べるのが大変なの。身を剥いて、種取り出して、その中を食べる。

人によっては、手がかぶれちゃうんだよ」

おじさんは、銀杏の身を剥きながら、実践してみせてくれた。

しわしわで、オレンジがかった黄色の薄皮をむくと中からみずみずしい果実が出てくる。汁をたっぷり含んだ果実をさらに剥いでいくと、ようやくその中から種が出てくる。そして、その種をさらに剥いた、中の部分。そこが、いわゆる「銀杏の実」だ。焼き鳥屋では、あたりまえのように、剥かれた最終形で出てくるので、一つ剥くのにこんなに大変だとは

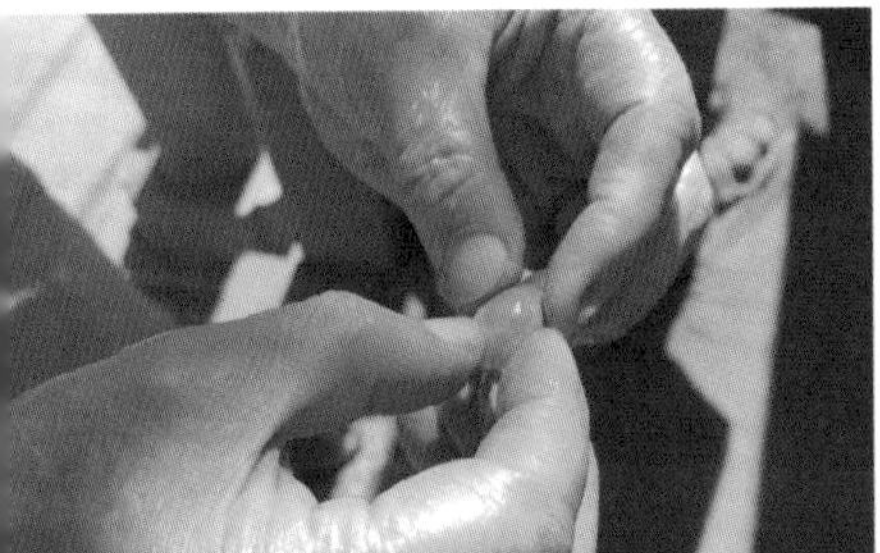

知らなかった。

「塩で焼いて食べるんですか？」

「うん」

おじさんは、手水場に貯めた水で、手を洗いながら教えてくれた。おいしそうだ。

「いっぱい剥くには、本当は芋剥き機みたいな機械を使うのよ。むかし、芋剥き機ってあったでしょう。こうやって、棒がバッテンになってててて……」

おじさんは、手を胸の前でクロスさせながら、なぜか一生懸命、芋掘り機の仕組みについて教えてくれた。

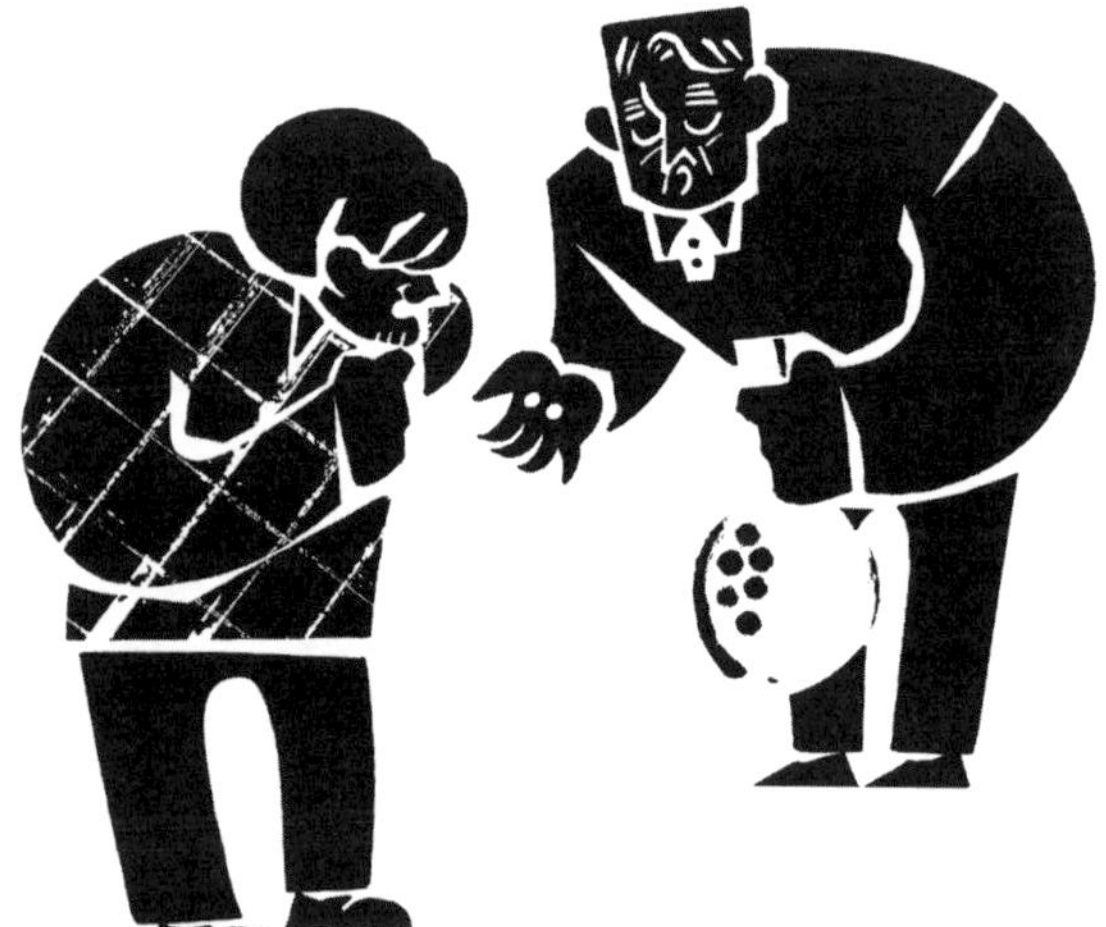

「これは女イチョウだから」

おじさんは、波除稲荷境内のイチョウを見上げながらいった。

「だから実がなるの」

いちょうには、女イチョウと男イチョウがあり、女イチョウにしか銀杏はならないらしい。恥ずかしながらはじめて知った。

「で、あっちが男イチョウ」

指差した先には、家が密集する路地ゾーンがあり、屋根の上からイチョウの葉の部分がもっさり見えていた。

「あの路地の奥に、天台地蔵さんがあるでしょう。そのイチョウが男イチョウなのよ」

東京ではほぼこのあたりだけになってしまったが、佃島には昔ながらの狭くて細い路地と長屋がたくさん残っている。おじさんが指差した、幅1メートルほど薄暗い路地を入っていくと、ぎゅうぎゅうに立ち並ぶ家の先に、お地蔵さんがあるのは知っていた。

しかし、そこが男イチョウで、この波除稲荷が女イチョウだということは知らなかった。雌雄一対のイチョウが、たまたま神社とお寺の境内に生えていた、とは考え難い。

雌雄一体のイチョウが、むかしからここにあり、そこに神社とお寺を建てた。と考える方が自然だ。

「このあたりは住みやすいよ。変なのいないから。面白いから、また遊びにきな」

おじさんは、路地に住んでいるらしく、薄暗い路地に吸い込まれていった。

路地のお地蔵さま

その一筋隣、佃天台地蔵尊と書かれた看板のある路地。

間口は2メートル強。奥行きは5メートルほどだろうか。路地の住宅群の中にある天台地蔵尊の敷地には、たしかにイチョウが生えている。地蔵尊は屋根のある建物になっているが、その男イチョウは屋根を貫通し、上層部の葉っぱの部分だけが、さきほど波除稲荷

波除稲荷向かいにある暗い路地

ここが入り口

から見えたのだ。縁起が入り口にかかげられており、正式には佃天台子育地蔵尊というらしい。堂内には線香の香りがたちこめ、鮮やかな花が供えられている。1メートルほどの黒い石に、細く白い線で、穏やかな表情のお地蔵様が彫られている。

お参りして、入り口の前からもう1度、男イチョウを見上げる。ひしめきあう軒先の隙間から、わずかにグリーンのイチョウの葉が揺れている。なぜ男が子育て地蔵尊で、女性が波除稲荷なのか。

由来は結局わからない。

グータラで働かない亭主が子どもの面倒を見て、女房が生計をたてるべく働いていたのか。

海に出て夫を亡くした妻のもとに、寂しくないように男イチョウを、そしてなくなった海で漁に出たまま亡くなった独身男をとむらうため、水辺に女イチョウを植えたのか。

物語は、いくらでも想像できる。

住宅に挟まれた佃天台地蔵尊

だが……。よく考えれば……。

「なぜ男イチョウが子育て地蔵で、女イチョウが波除稲荷なのか」

その問いかけ自体が、前近代的な気もする。令和の女性を敵に回す、危険思想に違いない。

謎すぎるお店

夜は居酒屋だという「豊月」という店でカニクリームコロッケを食べ、午後は路地を探検しようと思っていた。とはいえ、食べてすぐ動けるほど若くない。佃島にはチェーン店らしき喫茶店はないので、自販機でお茶でも買って飲もうかと思いブラブラしていたら、まさかの謎の看板を発見。

「5F　カフェ OPEN」

かすかに赤く縁取られた黒い盤面に、白文字というシンプルさ。店名もない。しかもA3用紙ほどの大きさで、歩道の隅に直置きされている。普段通る道でも、

「お茶を飲もう」と思って意識して歩かなければ、目に入ってこない。というか、そう思って歩いても気づかないくらい地味。

よく見ると、そのすぐ横にグレーの石が、これまた地べたに直接横たわっている。バナナを半分に切ったような形で、人が1人座れそうな感じなのだが……。しゃがんで地べたすれすれに顔を近づけてみてみると、何か文字が！　はたから見れば、完全に変なおじさんだ。気色悪がられることを覚悟で、左から右へ縦書きで書かれた文字を、床ギリギリで顔を曲げて読んでみると、

新◯見

稲荷大明神

新佃島

とあった。

「新佃島」とは、江戸時代から島として存在したいまの佃一丁目あたりに対して、新たに明治29年に埋め立てが完成

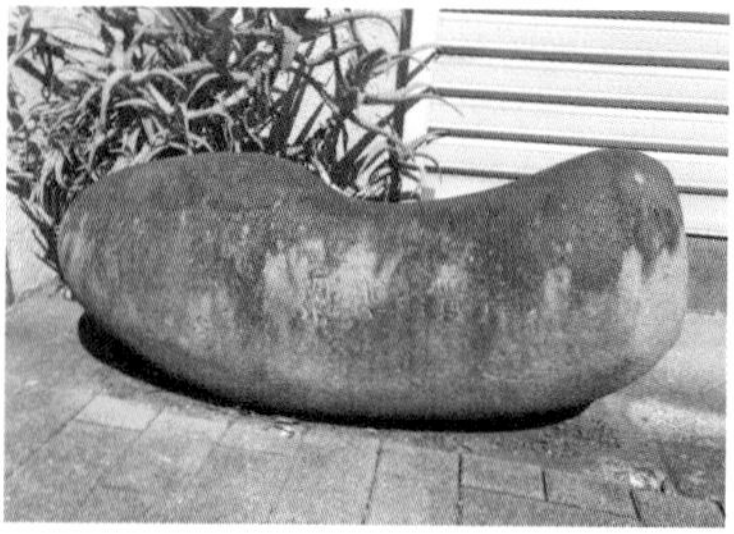

よーく見ると、文字が書いてある

した2丁目、3丁目を指して言う。

◯は、「伏」という文字にも見えるが、不鮮明でよくわからない。怪しい雑居ビルの中に入り、狭いエレベーターでとりあえず5Fに向かう。扉が開くと、1畳ほどのめちゃめちゃ狭い踊り場しかない。怪しすぎる。このままどこかの宗教団体に勧誘されるのではないか。お稲荷さまがあった場所に新たな信仰を打ち立てようとしているのではないか。一抹の不安を覚えながら、中に入ると、なぜか外国のカップラーメンが飾ってある。チキンフレーバー。そして、よくみるとビーガン、と書いてある。

そのほかにも、ダイヤル式の電話に顔が書かれたオモチャや、かわいいクマのボトルに入ったハチミツなど、厳選された外国の雑貨や食品が並べられていた。

「いらっしゃいませ〜」

店員が、ずっと奥の方からやってきた。

席に座り、一押しだという「クマ笹アロエソーダ」と「焼き菓子」を頼んだ。きょうの焼き菓子は、シナモン風味のカステラに、栗の羊羹をはさんだものだった。カステラに栗の焼印が押されていて、かわいい。栗の甘みにシナモンの香りがよく合うのだが、あわせたクマ笹アロエソーダも、けっこう甘かった。お茶にすればよかった……。

けれど、

「体にいいんですよ」

そう、店員さんが教えてくれたので気持ちを立て直す。ただそもそも疑問が多すぎる。

「ここどんな店なんですか？」

「いや、もともと私お菓子作りとか習ってて、知り合いが雑貨とか買い付けしてたので、二人でお店をやることになったんです」

よかった。とりあえず、新興宗教ではなさそうだ。

雑居ビルの5Fだし看板もこっそりしか出てないし、そもそも検索しても食べログなどにも載っていない。入る前の怪しさとは裏腹に、メチャクチャ居心地がよかった。「でも、入り口怪しいですよね……」と聞いてみようとした、その時
「でも、怪しいですよね。入るまでは、看板小さいし、なんか謎の石とかあるし」

店員さん自ら出してくれたキラーパス。

「怪しいですよね、確かに！　あの石はなんなんですか？」

「もういないんですけど、隣の人が置いたみたいなんですけどね……。こどもが乗ったりして遊んでますよ」

え？　お稲荷さんは、たいてい正一位ですよ？　吉田茂より偉い人、織田信長と同じレベルのお稲荷さまに、子どもたちは、ずいぶんフレンドリーに……。信長ならブチ切

れて、所領没収からの本能寺の変ですよ。

謎は深まるばかりだった。クマ笹アロエソーダをすすりながら、スマホで「新佃島稲荷神社」とググってみても、そんなお稲荷さんは出てこない。

なぜ、この島の二宮金次郎は座っているのか？

なぜ、こんなにも疫病の神社が多いのか？

なぜ、新佃島稲荷大明神と書かれた石が、カフェの横の道端に転がっているのか。

この島を探検すると、謎が多発する。そもそも、雑居ビルの5階で看板も大きくださず、食べログにものってない店が、経済的に成立するのか……。

「雑貨とかは、ネットで販売してるんですか？」

「いや、ここだけです」

「……なるほど。お客さん、けっこう来るんです？」

「ランチとか、けっこう近くの会社の人が来てくれるんですよ」

たしかに、本日のランチ「リボリータ（イタリアの具だくさんスープ）、ガーリックバゲット」とあった。

購入したオシャレ度高めの茶こし

これが、佃島が島でありながら東京23区の、しかもそのど真ん中の中央区に存するオシャレなところだ。漁師町の横に、サラっとこうした聞いたことない料理を出す店がある。

雌雄のイチョウ、江戸風情の太鼓橋と21世紀の東京の象徴のようなタワーマンション群、そして佃煮の老舗から、オシャレな雑貨屋カフェ。「島」という地理的境界がはっきりとした空間だからこそ、そして歴史を持ちつつも、都市としての開発も同時に進行する空間だからこそ生み出される混沌が、佃島の魅力なのだと思う。

その魅力が景観としてもっとも凝縮されているのが、「路地」だ。改めてこの「路地」を探検してみたいなと、最近思う理由もあった。

売りが出ていたのだ。

路地に残る佃島の長屋

第3章

佃島の物件

～月1.5万円で買える長屋～

レトロ長屋迷路

それは、少し前のことだった。不動産サイトをネットサーフィンし、「そこに住んだら……」とひたすら、架空の生活を妄想する、いつもの趣味に興じていた。

その時、見つけたのだ。

東京都・中央区で４Kの一戸建て。これで、お値段１９８０万円。しかも有楽町線の月島駅まで徒歩２分。

こんなことあるんだろうか？

場所はここ、23区の島、佃島だ。計算せずにはいられない。金利０・５％、頭金は０円。年２回のボーナス時払いを無理せず、20万円として、35年ローンを組むと……。

なんと、わずか１ヶ月の返済額１万５０５５円！

築年数は55年と古い。建物面積も42・97㎡と少し狭めだが、土地面積は33・52㎡だ。もちろん借地ではない。土地の所有権つきだ。中央区に30㎡オーバーの土地を持てる。夢のマイホームだ。

そして月島駅を侮ってもらっては困る。銀座１丁目まで４分。有楽町駅まで５分。六本木まで15分という実力の持主だ。

これで、4K戸建て1980万円。

妄想が広がる。

月に1万5千円でいいのならば、手取りは10万円あれば事足りる。

週3回本気で働けば、どんなバイトをしても月10万円は手に入るだろう。あとの4日は好きなことができる。

創作活動に打ち込むこともできる。

家族を大切にして丁寧に暮らすこともできる。

東京の中央で。これが23区の離島の実力だ。どうしてこんなことが起こるのか。

それは、佃島がすでに述べた通り、時間の流れが異なる島だからだ。

かつて石川島播磨重工の造船所だった佃2丁目北部こそ、大規模な再開発がなされた。しかし、かつての漁師町である佃島1丁目や2丁目の南部、清澄通りを挟んだ3丁目はいまだ昔ながらの路地がたくさん残されている。その路地には、木造の長屋が軒をつらねる。迷い込んでしまえば、どこかに飲み込まれそうになる怪しさと、入るものをタイムスリップさせてしまう懐かしさの混ざりあった路地だ。今は築20年の賃貸マンション住まいだが、先々は佃島に持ち家というのも悪くない。

改めて、路地を探検してみようと思ったのだ。

1つ用事をすませて、昼過ぎから路地を歩いた。木造の下見板張りの4軒長屋や2軒長屋がギュウギュウにひしめいて、落語に出てくる生活空間を彷彿とさせる江戸の風情を今に残す。路地の幅は2メートルから4メートルほどだろうか。

多くの家が路地にせり出すほど大量の植木を育てている。造花で色鮮やかに飾られた軒先もある。

たまに平家もあるが、どの家もだいたい2階建てだ。2階にはわずかに洗濯物が干せる、小さなバルコニーがある。

猫のために作られた小さなおうちもある。路地は完全に住民の生活空間の一部になっている。発砲スチロールとダンボールで作られた箱に新聞紙を敷きつめたこの猫の家は、よほど居心地が良いのだろう。住人は起きてはいるが、一切箱から出てこない。名前は、みっこちゃんというらしい。

みっちゃん

「みっこちゃんにご飯をくれる方へ
いつも、ご飯ありがとうございます。ただいつも全て残してしまっています。
みっこちゃんには毎日、みっこちゃんの大好きなご飯をあげていますので、安心してください。これからも、みっこちゃんを沢山なでてあげて下さい。ニャー」

相手に感謝しつつも、しっかりお断りし、でも関係性はちゃんと維持していこうという、社会人として100点満点すぎる文章だった。

真鍮製の笠をまとった裸電球や、飾り格子を施した玄関上のはめ殺し小窓、「京橋區」と書かれた標識など、よくみるとあちらこちらで、江戸から令和にいたるどこかの時点で、いろんなパーツの時間が止まっている。

建築に興味があれば、丹念に見て歩くだけで楽しいだろ……

「おわ！」

目線の高さの窓を開け放したまま、おばあさんがワイルドに着替えていた。すみません……。

異常に細い扉、異常に小さい扉など、赤瀬川原平的な世界観もひしめいているが、歴史的由来の確かなものもある。

レトロな長屋の軒先には、「用水」という文字と名字とが書かれた大きな石の水槽がある。かつて、火事が起きた際に利用するため配された防火水槽だろう。

町のあちらこちらには、井戸もある。かつて趣味のような仕事で、東京の街中にある井戸をひたすら探したことがある。上野や品川港南口近辺など、街中にいまも昔ながらの井戸が多発するエリアはいくつか残されているが、おそらく佃島はもっとも都心に存在する、井戸多発エリアだ。佃の路地は、よく見れば不思議の宝庫だ。1丁目から2丁目界隈の路地では、名字の表札の他に、もう1つ表札がある家を見かける。

古めかしい木札に、多くは「佃」を冠した、屋号のような名前が書かれている。漁師や仲卸業といった家業の屋号だろう。かつてこの佃島の漁師があまった魚を売買し始めたのが日本橋の魚市場の発祥だ。その機能が築地にうつったあとも、その流れをくんだ仲卸業者が築地の水産物売買を支えた。築地の場外だったあたりを歩くと「佃」とつく屋号を掲げる看板をよく目にするのはそのためだ。

「佃三亀」「佃瀧」「佃茂」……

銀座の隣に、まだかろうじて残る漁師町の風情。それもいつまで続くかはわからない。

変化の波も着々と訪れている。地元が錦糸町だったので、佃には高校生の頃から、自転車で遊びに来ていた。そして、いまの仕事についてからも取材と称して、趣味がてら佃を散策した。成果をどこかに出す当てがないこともあったが、勝手に取材していたこともある。

いまだ多く時が止まった景観を残すとはいえ、少しずつ路地の建物は建て替えられ、建売の一戸建てになったり、あるいは数軒まとめて取り壊され、オシャレなデザイナーズマンションになったりした。

昔ながらの路地の抜けに、タワーマンションという構図をとれる「映《ば》え」な路地もあるが、そのタワーマンションも、かつての長屋や路地をまとめて再開発したものだ。夕方になると、あちらこちらから、おじいちゃんやおばあちゃんが出てきて、そこかしこに座っている。

路地に椅子を出し、4人で井戸端会議をしているおばあさんとおじいさん。そんな路地をすり抜けて、大通り清澄通りに抜けると、目が赤く血走った、可愛い電動の移動ロボットが、道を歩いている。最近佃を拠点として、うろちょろしてるロボット、ラクロくんだ。そのラクロくんの基地らしいガラス張りの2020年的空間が、路地を出たその先に広がっていた。

運転しなくても、自動で歩道をゆっくり走行し、目的地に連れてってくれるらしい。最近このラクロにのったIT企業勤め風の外国人が、よくタブレットを片手に、いろんな道を探検している。自動運転するための、なんらかの情報を採集しているのだろう。

江戸と令和。木造長屋とタワーマンション、古くから住む長屋の住民とロボット。境界が意識される「島」だからこそ、際立つ対比の美はそこに確かにあるが、それでもやはり、新しく流入する何かは、歴史を駆逐してしまうのではないかと、少しだけ心配になる。

路地をすり抜けて、少しだけ広い通りに出ると、クレヨンしんちゃんが描かれたトラックが停まっていた。トラックから路地に、家具を運んでいる。

「人力引越社」

どうやら、あたらしく路地に引っ越してくる人がいるらしい。引っ越先は、私が不動産サイトで見たような、かなり築年数のいったいわゆるレトロ長屋だ。どんな人が引っ

最近よく見るラクロくん

越してくるのか、何食わぬ顔で通り過ぎるふりをして、チラ見すると、

「ん？　ロドリゲス？」

表札に書かれた新住民の名はロドリゲス。引っ越してくるのはロドリゲスさんらしい。

この島の歴史は、新しく流入する何かに駆逐されるだけでなく、溶け込ませる魅力をまだまだ秘めている、と思われる。

文豪が愛した宿と、イケすぎデザイナーズマンション

清澄通りを渡り、新佃島の東側、現佃3丁目で8年ほど前に訪ねた路地裏の、大衆寿司屋を探した。正確な場所は覚えていなかったので、くまなく探してみた。大通りに面した長屋は、ここ数年でほぼ全てマンションになってしまった。状態の良い木造の家屋が残る一角には、よく見ると中がオシャレに改装され、コーヒー豆卸業者の焙煎工場になったりもしている。

結局、寿司屋は見当たらなかった。

少しだけ不安に駆られた。佃にはいくつかうまいものを出す店があるが、地元だと思うと、いつでも行けると安心し、逆に足が遠のいていた。いつでも食べられる、という

のは思い込みにすぎない。

そう思うと、急に焦りが生じ、3丁目にあるもう1つの訪れたことのある店、レバカツの店へ向かった。店はあった。だが
「しばらく、おまちいただきます」

売り切れて、いま揚げているらしい。少し時間をおいて訪れよう。島の東端に向かって歩いた。佃島の北端で隅田川本流と二手にわかれた晴海運河は、この先でさらに晴海運河、豊洲運河、朝潮運河に分かれるのだが、この辺りはちょうどその分岐点の手前で、巨大なたまりのような場所になっている。そのため運河というより海に近い。よく見ると堤防にも、小さく「↑河川局　港湾局↓」。管理主体が川チームから、海チームになりますよ、とその境目を示していた。

明治から大正にかけて営業していた海水館という旅館の石碑がある。島崎藤村、小山内薫、吉井勇ら多くの文人がこの旅館で執筆をした。

というのも、この場所からの眺めは、房総半島をのぞむ、それは風光明媚なものだった……らしいのだ。

だが、現在海水館跡だった場所からみえるのは、一面の壁。海水館前にはコンクリートの堤防が立ち、まったく景色が見えない。なんとか少しでも見られないか。うろちょ

ろしてみると、石碑の背面に10階建てくらいのデザイナーズマンションが建っている。その名も「海水館」。

ここの上層階からなら、堤防より上の景色が見えるはずだ。だが、もちろんオートロックだから、私が入れるわけはない。

悔しいのでその場で、物件検索をかけると、リビングを広く取った、いかにもモテそうな物件。

世帯向けというよりは独身向けの間取りだ。かつて、名だたる文豪が愛したであろう絶景を、こんなオシャレなデザイナーズマンションに住む、イケてる独身貴族に独占されるなんて。

あたりをうろちょろするが、堤防より高い建物は見当たらない。あきらめて、公園

のベンチで休憩することにした。シーソーやブランコで遊ぶ子どもたちと、近くで話し込む母親たち。公園でベンチに男一人で座っているだけでも危険だが、あまり凝視すると不審者に見られ、和やかな場に不穏な空気を呼び込む危険があるので、なるべく遠くを見ようとしたら……。

「あった！」

立てば堤防の高さを超えられるジャングルジム兼すべり台が、あった！

思わずベンチを立ちそうになったが、思いとどまる。子どもたちが、まだ遊んでいる。40歳近いおじさんが、子どもたちが遊ぶすべり台に、一人で現れ、黙って階段を上り始めたら、怖すぎるだろう。

じっと待つ。

文人たちが眺めた、風光明媚な景色はどうなっているのか。オシャレデザイナーズ階級の住民だけに独占はさせない。天と地を交互に見つめ、その視界の端にかすかにそのすべり台を感じながら。子どもたちは、ひっきりなしに入れ替わり、なかなか完全に無人にはならない。精神を研ぎ澄ませる。

「木をめっちゃ植えて　1週間、木しか植えてなかったんだ」

精神を研ぎ澄ませすぎて聞こえてきてしまう、近くの遊具で遊ぶハーフの小学生が友人に語る話の内容が気になりすぎる。どういうシチュエーション？

体感時間で1時間、実際には15分くらい待った時、ようやく空いた！

うんこをもらすのを我慢する人のような、本能がけしかけるあせりを制御する歩みで、すべり台に歩み寄った。

そして、てっぺんへ登ると、思わず嘆息した。

堤防の向こうの視界が一気に広がる。海に変わった晴海運河と、豊洲の高層マンション群、そしてはるか北にはスカイツリー。

東の空は、地平近くのメロン色がかすかに混じったクリーム色から天に向かって、オレンジ、ピンク、水色、そしてそのところどころにさしこむ灰色の霧雲との境界は紫と、何万年と時が繰り返そうと、ただ1度しか見せない、偶然が作り出した美しさを放っている。

　残念ながら房総半島は、いまは見えない。それは、この雲と同じく、ある時代の一時代に偶然に現れ、その時そこに滞在した文人や住民に切り取られた美しさだ。

　佃の路地や、新旧入り混じる島の魅力もそうだろう。その美しさは永続的ではない。日々切り取らなければ、必ずいつか消えてしまう。しかし、切り取ろうと思えば、いつでもその刹那の美しさや面白さは切り取れる。

　そして、美しさとは、おそらく主観的なものだろう。そして、美しさとは、おそらく落差だ。その空を私が、とりたてて美しく感じたのは、乗り越えるべき堤防という明らかな障壁があったからだろう。

ならば、その堤防は明らかに私にとって歓迎すべき存在だった。レバカツ屋へ向かう、日が暮れ少し妖しさを増した路地をすり抜けながら、そう考えた。

「すいません、レバカ……」

「終わったよー」

「……」

乗り越えるべき、「レバカツの我慢」という壁を得た。次回食べるレバカツは、より旨く感じられるはず、と心に言い聞かせながら、向かいの肉屋でチャーシューを買って帰った。

第4章 城南島

～絶景ビーチと、半裸おじさんの島～

ココ！

「いけぶくろ……、 おおつか……」

白いバスローブをきた50歳過ぎのおじさんが、 ワイングラスを片手に山手線の駅名をうつろな目でつぶやいている。

2020年8月3日、 わたしは神保町で、 変なおじさんを見ていた。

その変なおじさんは、 私に少しだけ勇気を与えてくれた。

そしてその変なおじさんを見終わった後、 さらにやばそうな、 眼光が異様にするどいおじさんが、 うす暗い空間の向こうから私に話しかけてきた。

「高橋さんですよね？」

頭の毛を短く刈り込んだ、 これまた50歳近いおじさん。 まるでアウトレイジに出てきそうなおじさんだ。

こんな事になってしまったのは、 あの日、 都内のある島に行った事がきっかけだった。

TOKYO城南ジャングル

7月21日、 うだるような暑さの中、 私は東京の「城南ジャングル」に迷い込んでいた。

2020年は受難の年だ。遠くへ旅することができない。できるようになる目処もたっていなかった。そこでふと思い立った。

住まいのある佃島以外にも、23区内にはいくつもの島がある。

久しぶりに飛行機が見たかったことも、ここを選んだ理由の一つだ。

城南島は、羽田空港の滑走路の延長線上にある。海沿いに広がる城南島海浜公園は、飛行機が間近に見える公園として、知る人ぞ知る穴場スポットにもなっている。

新型コロナが世に蔓延してからというもの、東京都民は閉じ込められている。23区が孤立した島のようなものだ。海外へ気軽に行ける時代は、あっけなく中断した。海外どころか県外へすらいけない。移動の自由は失われた。

せめて非日常を味わい、旅をしたい。それにうってつけなのが城南島ではないか。そう思ったのだ。

城南島は東京都大田区に属する島だ。

島といっても船で渡る必要はなく、橋を渡って徒歩で行くことができる。浜松町駅から羽田空港に向かうモノレールに乗り、流通センター駅で降りてから20〜30分ほど歩く。島の南側にかかる城南大橋を渡り島へ入ることにした。

左手に、「野鳥公園」と称するものの、およそ都内の「公園」とはスケールの異なる鬱

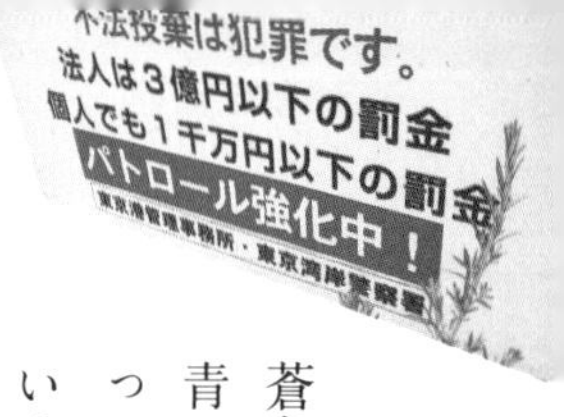

蒼とした森をみながら橋を渡る。すると、左手の運河の奥に、赤・青・ピンク・緑の巨大な箱が天高く積み上がっているのが目に入ってきた。広大なコンテナ基地が、城南島の入り口に横たわっているのだ。

遠近法と日常の色彩感覚を全て破壊し、一気に非日常の空間へ誘われる。

長い橋を渡り終え、島へとたどり着くと、さらなる「非日常という鈍器」で頭を殴りつけられる。

「不法投棄は犯罪！　罰金3億円」

コンクリート塀に無造作に打ち付けられた貼り紙が目に飛び込んでくる。

罰金3億円⁉

貼り紙をつい二度見する。

公園やコンテナ基地のスケールも壮大だが、罰金のスケールも23区内で縮こまって暮らす我々の想像をはるかに超える壮大さだ。

島はやはり、普段本土で暮らす人々の認知の感覚をことごとく

破壊し、溶かしてくれる。これが島の醍醐味。すべての常識が本土とは異なるのだ。

その未知なる感覚は、いささかの不安をともなう。


わたしはかつて、ソロモン諸島のロビアナ島を訪れた時のことを思い返していた。

パプアニューギニアのはるか東に位置し、オセアニアの秘境と言われるソロモン諸島。その中でも、首都から遠く離れたロビアナ島は、かつて首刈りを行う風習があった。

対岸のムンダという街に一泊し、翌朝船で移動した。どこまでもエメラルドグリーンのラグーンが広がる天国のような絶景も、まるで草津の巨大な温泉に見えた。

好奇心の反面多少ビビっていたのだ。素直に心を解放しきれず、本来なら心を動かす絶景さえも、どこか自分の知る日常の文脈の中で理解しようとしていたのかもしれない。

「デンジャラス！」

と、笑顔でおちょくってくる現地の船頭に腹が立った。

城南島での不安は、その時のそれとはくらべものにはならないが、やはり未知なる島を旅する時は、好奇心とほんの少しの不安が交錯する。

その不安を少しでも取り除いておくのも手だ。秘境の島への旅で一番困るのは、食事をどうするか、だ。

せっかくの旅だし、フラッと気になった店に入って……わたしはどちらかというとそういう旅のスタイルが好きだ。だから、旅の前にはある程度の地図や情報だけは頭に入れ、あえて目的地を決めすぎず余白を残す。これこそが旅の楽しみだ。

だが、こと小さな島の旅におけるメシ問題だけは例外だ。

油断をすると、ガチで食堂がない。もちろん売店もない。かつてはあったようだがいざ行ってみると閉まってる。そんな経験を何回もしてきた。島をナメてはいけない。

東京23区の島々でもそれは同じはずだ。とくにこのあたりの「城南列島」は、工業地帯に位置する。食事ができない可能性も視野にいれなければならない。

旅をする前に、脳みそを殺してシンプルにググった。

城南島　食堂

その名も「城南島食堂」。奇を衒わない、潔く素敵なネーミングだ。

検索上位には食堂のTwitterが出てくる。タイムラインには、新作やいち押しのメニューがツイートされている。お魚スペシャル弁当。「ご飯ガッツリ入ってます」。力強いPRを読み進めると……。

「うな丼　ナント！　税込み500円」

え？　うなぎが500円？

2020年特別価格とある。みそ汁、つけもの、小鉢付きだ。

さらに、Twitterは呼びかける

「うなぎだけでは物足りない、あなた！」

はい。私のことでしょうか。

「大うなバラ丼できます」

大田区の島で味わう大海原。島にふさわしいネーミングセンスにぐぐっと引き寄せられる。しかも、丼の中身は、うなぎと豚バラ焼肉のコラボだ。

海原のかけらもない。川と陸で取れたものの、島での奇跡のコラボレーション。

気になって、Twitterをスクロールする。すると、すぐに行き止まりになった。

5月27日。

「城南島食堂です　ツイッターはじめました。」

え？　1ヶ月半くらい前？

めっちゃ、最近。

よく見ると、フォロー0。フォロワー3人だ。500円のうなぎか900円の大海原。

どちらを食べるか、それが問題だ。そしてこのTwitterの主に会ってみたい。とりあえず、4人目のフォロワーになっておいた。

野生化する東京の島

だから、とりあえず島を探索しながら食堂を目指すことにした。ティッシュボックスのような箱型の建物に、ティッシュボックスのような箱型のバスにのって通勤してきた人々を横目にみながら、人々が労働する時間にブラブラしている自分に背徳感を抱き、歩く。工業地帯を歩いている時目に入るのは、なぜか長方形のものが多い。コンテナしかり、研究所のような建物しかり、倉庫しかり。

おそらく効率性だけを追求していけば、たいていの問題は「長方形でいく」ということでカタがつくのだろう。

長方形の建物群を過ぎると、公園にたどりついた。「都立 城南島ふ頭公園」とある。石に刻まれた文字から、黒い色素が下へ滲み出ている。ダイイングメッセージのようだ。怖い。

中には大きな芝生の広場があった。もう少し気温の下がった季節に、シートを敷いてピクニックなんてしたら最高だろう。もし、ちゃんと手入れさえされていれば。

芝生だったと思しき場所は、手が入っておらず、膝下あたりまで雑草がボウボウだ。もちろん人影はない。駅からは遠く、人が住んでいるような場所でもない。効率性を追求すれば、結論はあまり手入れをしない、というところに行き着くのだろう。

公園には1つだけ遊具が取り付けられていた。茶色い金属の支柱のまわりに、210〜280と書かれたプラスチック製の札がぶら下げられている。

どうやら、ジャンプ力をはかる器具らしい。もちろん、やる。おどろくほど飛べない自分に、素直に驚いた。まったく

人気のない公園じゃなければ、こんなに恥ずかしいジャンプはできない。これも島の良さだ。

人気のない公園もいいなと思いながら公園をあとにして、緑道のような道をなんとなく食堂がありそうな方角へ歩いて行く。ふつうは入り口に緑道の名前があるものだが、それらしい標識は一切見当たらない。

少し歩くと、鬱蒼とした森のようになった。この道、さっきの公園の比でなく、全くと行っていいほど整備されていない。モサモサの木々からはツタのようなものが、下へ垂れ下がり、新しく植えられたであろう木々も、自由気ままに成長している。かと思えば唐突に紫陽花が1株だけ咲いている。空もあまり見えない。雑草が2メートルぐらいまで伸びてる……。まるでちょっとしたジャングルだ。

ジャングルの中に、有刺鉄線に囲まれた一角がある。「航空機進入路指示灯」とある。確かに、飛行機がかなり近くを飛ぶ轟音は耳に入ってくるが、木がモッサモサで空はよく見えない。

ボビー・ヴィントンの「Mr. Lonely」を思い出す。JAL提供のラジオ番組『ジェットストリーム』の綺麗な方でなく原曲の方だ。深夜0時にしんみり旅情へ誘うあの曲は、もともとはベトナム戦争へ出陣した兵士の孤独をうたったものだった。

城南島のジャングル

77

大田区

城南島

ベトナムの、見あげても青空の見えないジャングルで、近くを飛んでいく飛行機の轟音を聞いた兵士も、こんな気分だったのかもしれない。

この、名もなき城南ジャングルはどこへ続いているかもよくわからない。それでも進んで通りを抜けると、腕はなぜか知らない間に傷だらけだった。

やや拓けた場所に出ると、また大きな四角い箱の建物が立ち並ぶ。道端に大きく掲げられた地図看板を見上げて城南島食堂のある方向を確認し、とにかく目指す。しかし、そもそも歩道に生えている雑草の生命力がハンパない。背丈以上に伸びきった雑草群をかすめながら、歩いて行くしかない。

大人の背丈ほどもある柴漬けの色をした紫の茎から、目の覚めるようなオレンジの色をした花がたくさん伸びている。え？　ここ日本？

その歩道をよく見ると、赤いレンガの隙間から、あちこちで砂が富士山のような形を作りながら吹き出していた。たぶん、アリだ。アリが隙間を出入り口にして、レンガの下に巨大な地下帝国を作っているのだろう。

このアリの巣、歩道のモサモサ雑草、城南ジャングル。これらすべてが示していることはただ一つ。「こんなところを歩く人はいない」ということだろう。

新沼謙治トラックの出現で一気に島特有のノスタルジー感が加速

もちろん産業用道路があるのでトラックは頻繁に通る。しかし、この島を「散策する」という概念がそもそも成立していないのだ。

だがそれゆえに、よく観察すれば都内ではおよそ目にしない不思議を発見できる。食堂に近づくと、おじさんが道に座って寝ている。

都内で人が遠慮なく道で寝られる場所は、めったにない。めったにと書いたのは、一箇所だけよくおじさんが寝ている場所を知っているからだ。

かつて山谷を扱ったドキュメンタリーを撮影したことがあった。山谷では、街のあちこちで酔ったおじさんが寝ていた。

しかし、ここ城南島のおじさんは、それとは少し違った。とても平和そうに昼寝をしている。

食堂は「協同組合　東京大井コールドプラザ」という建物の中にあった。雑草モサモサ歩道の先にあるビルに、「コロナに負けるな！　うな丼　500円」というチラシが貼ってあったのですぐにそこにあると分かった。コロナに負けるわけにはいかないので、500円のうな丼を食べなくてはならない。

建物のまわりには、トラックがたくさん停まっていた。

トラックはコンテナにさまざまな意匠を凝らしており、それを見るのも楽しい。なぜか新沼謙治の写真を大きくコンテナにプリントしたトラックもあった。写真の横には大きな地図と、「新沼謙治のふるさと　大船渡」とある。大船渡のトラックなのだろう。このあたりはマルハニチロや東洋水産の工場がある。大船渡から、マルちゃん製品に使うなんかの材料でも持ってきたのだろうか。

写真には「盛川」と、新曲とおぼしき曲名も書いてある。新曲が出るたびに書き換えているのかもしれない。

脳内のBGMを「I'm lonely」から「嫁に来ないか」に切り替えて、食堂は二階。建物に入る。一階の入り口でも、地べたにおじさん座ってる。二階のテーブルでもおじさん、

寝てる。

肉体労働は大変だ。大学時代、舞浜あたりにある夢の国で、まわりにモノレールを作るというので、その工事現場で働いた時のことを思いだした。

そう、ちょうど『ジェットストリーム』が始まるころ。真夜中に集合し、夜中に作業を行うのだが、2人1組で運ぶ鉄骨が超重かった。ぜんぜん夢の国感はなかった。夢の国近くの、江東区・夢の島もそうだが、「夢」を実現するには、その土台に見えない混沌がある。

脳内は新沼謙治から、岡林信康の「山谷ブルース」になりかけたが、あわてて「エ◯クトリカルパレード」にした。

なぜなら、よくよく当時の記憶を思い返してみれば、その作業は決して苦痛ではなかったからだ。

何かものを作るという目的に向けて作業をするということ。そして、真夜中の舞浜という高揚感。そして肉体を動かすのは、ただ普通に気持ちよかった。

自分が経験したことや自分の過去は、よくよく当時の気持ちを思い返さなければ、自分の現在の価値観や、世間のイメージや、時代の思考形式が都合よくその意味づけを書き換えてしまう。

岡林信康から「エ◯クトリカルパレード」に、しっかり針を落とし直せてよかった。それに、なにせこれから楽しみにしていたうなぎを食べるんですから。うなぎ500円も良いけど、ここはやはり「大うなバラ丼」だ。城南ジャングルを歩いて、結構腹が減っている。

食券を買うのだが……らしきボタンが見当たらない。

「すみません大うなバラ丼食べたいんですけど・・」

「ああ、終わったよ！」

脳内エ◯クトリカルパレードは、カットアウトした。

え？　せっかく楽しみにしてきたのに。

「それなら、もっと早くにこないと。それか、予約してもらうか」。

え？　予約。そうか。自分がいけなかった。ここはフレンチではなく食堂だ。そんな食堂で予約なんて思いもかけなかった。

しかし、そんなもの自分の勝手な先入観だ。食堂でも、しっかり予約をしておけば、間違いなく大うなバラ丼にありつけたのだ。自分の不明さを反省した。

「スペシャルならあるよ〜」

スペシャル。ふむ。張り紙がはってある。うな丼にうどんかソバがつくらしい。たくさん歩いて暑かったので、冷たいソバも悪くない。再び脳内エ◯クトリカルパレードだ。

800円、スペシャルの食券を購入した。

「スペシャルお願いします」

食券を渡す。

「はいよ～」

「ソバで」

「あ、ソバも終わった」

脳内エ◯クトリカルパレードは、完全にカットアウトした。

店の中は、社食のような作りだ。おそらくこの建物や近くにある工場、トラックの運転手さんが食べに来るのだろう。

ボリュームは満点だった。うなぎはかなり分厚い。もちろんいわゆる日本のうなぎではないだろうし、作るときレンジでチンしたのが見えたが、それをさし引いても値段には満足だ。やむを得ず頼んだうどんもコシがあって美味しかった。

「Twitterを見て、来たんですよ。」

「へぇ～そうなの？」

食器を下げながら聞いてみた。

「あれ、どなたがつぶやいてるんですか？」

「あー、ここにはいないな〜！　本部の人だよ。よろこぶよ〜！　伝えとくよ！」

残念ながら、私をふくめて4人のフォロワーに、お店の情報を発信し続けてくれているTwitterの中の人には会えなかった。

「この島は、見るところありますか!?」

「ああ、このビルの裏なんか、めちゃくちゃ絶景だよ。お台場も見えて。休憩時間によく見てるんだ」

礼を言って、店を出た。

町工場団地の高周波

残念ながら、ビルの裏側からの景色というのは、敷地内からでなければよく見えないようで、並びにあるはずの城南島公園を目指すことにした。飛行機を見に行こうと思っていた公園だ。

並びといっても海沿いは倉庫の敷地で歩けない。さらに南部スラッジプラントという、巨大な汚泥処理施設があるので、大回りして島を散策しながら、城南島公園を目指す。

島の海沿いは大企業の倉庫になっているが、それ以外はほぼ町工場が整然と並ぶ工場団地となっている。

「木舟製函」「江口高周波」。耳慣れない業態の工場が並ぶ。

「製函」……？

中を不審者に見えないように、不審な動きで覗き見すると、木材を長方形に枠組みした、梱包資材を作っている。

「高周波」は……？　江口高周波はシャッターが閉まっている。Google先生でググってみると、加熱コイルや変圧器などを販売する工場らしい。物理の時間に電線をグルグル巻いて実験した、アレの本気版だ。ＨＰにはメルマガをストックしたページがある。

「ソレノイドコイルによる直方体（板状）導体の電流の流れ方」……。内容が高度すぎたのだろう。２００９年のＶｏｌ８で休刊になっているようだ。

工場団地はのぞいたり、ググりながら散歩すると楽しい。高校や大学の時の就活で出会う企業なんていうのは、とても狭い視野で選択された、ほんとうにわずかな企業だけだ。広告マンや、テレビマン、銀行マンがいるように、ここ城南島には製函マンや高周波マンがいる。

工場団地が並ぶ島は、そんな仕事観察の宝庫だ。では、そんな工場団地にはいったいどんな人が住んでいるのか？　ちょうど昼休憩の時間も終わり、外を歩いている人は少ない……。だが、工場団地に違和感のあるおばあちゃんを発見。まさか……。

「すみません、この島に住んでる方ですか？」

「はぁあ？」

どうやら住民ではないようだ。

「わたしは、そこの工場に掃除できてるのよ」

「城南島って人住んでるんですか？」

「いやぁ、このあたりでは聞いたことないねぇ。

わたしはこれからバスにのって帰るのよ」

だが、工場の2階にパラボラアンテナが設置されていたり、いかにも人が住んでいそうな建物もある。Google先生に再び尋ねると、島の人口は13人となっていた。


金網に囲まれた巨大な敷地があり、数百のオレンジ色のコーンが並べられ、数十台の白バイがそのコーンを幾度も幾度もジグザグに走行している。白バイの訓練基地だろう。

島というのは、ひたすら「打ち込む」ことに適している。

いくら橋でつながっていても、やはり物理的にも、そして精神的にも外の世界と隔絶されている。

この白バイの気の遠くなる反復も、加熱コイルの性能をひたすら改良していく研究も、大切だけど地道な作業だ。居酒屋もない、書店もない、そうした他の刺激から制御された世界は、「打ち込む」作業にはうって

つけだ。

ならば、あえてこの島に住もうと思った、この島の住民は、何に打ち込もうとしているのか。

住民には会えないまま、公園についた。残念だったが、中を抜けるとすぐにその思いは消え去った。

クリーム色の砂浜と、水平線のしっかり見える、正真正銘の海。23区とは思えない光景が広がった。

城南島の絶景ビーチ

都内に、こんなに立派なビーチがあるなんて。ひと知れずに、こんな場所を持っていたなんて、大田区はずるい。都内でビーチと言えばお台場だ。だが、目の前には人工の建造物がそびえ立つ。ここまでしっかり、水平線の見えるビーチが23区にあるなんて、誰が想像しただろうか。

あまりの気持ちよさに思わず目を閉じると、暗闇に轟音が鳴り響く。見上げると飛行機が、まるで覆いかぶさるかのような近さで、島のビーチをかすめていく。

水平線に目がいくが、右に目をやればすぐそこは羽田空港だ。

平日だということもあって、人気はすくない。ビーチには4メートルほどの白木がポツンとおかれていた。これ置いた人のセンス、超いい。

白木の右端には、上下を黒で揃えた男性がポツリと座っている。疲れていたので座りたかったが、彼はずっと遠くを見つめていたので、邪魔しないでおこうと思った。

が、あまりにも長かったので、やはり座ることにした。

「すみません、こちらよろしいですか？」

「はいどうぞ」

白木の左端に座らせてもらった。海はすべてをチャラにしてくれる気がした。仕事の悩みも、ここまで歩いてきた疲労感も、大うなバラ丼を食べられなかった悔しさも、ソバにさえありつけなかった、運の無さも。

そんな偉大なるリセット装置が、大田区の島に、ひそんでいた。

「よくいらっしゃるんですか？」

右端の黒い服の男性に尋ねてみた。

「はい。海が好きなんです。」

「どちらから？」

「川崎の方から。」

大学生だという彼は、ときどき海を眺めにバイクでここに来るらしい。

川崎なら八景島でもと思ったが、やはりこの城南島ビーチには、他のビーチにない魅力ある。とにかく人が少ない。

そして、海を見ていて飽きない。大迫力の飛行機にくわえ、すぐ目の前をいろんな船が行き交う。ブルーのクレーンを備えた作業船。白い袋をたくさん積んだ艀を引く曳船。艀には男がぼんやり座っている。気持ちよさそうだ。

子どもを水際で遊ばせている親子がいた。この島は、子どもを連れてきても楽しいかもしれない。

飛行機や船だけじゃない。工場が多いので、タンクローリーやアームロールを積んだトラック。色とりどりのシャーシが保管され、コミカルな荷台なし大型トラックが行き交う巨大シャーシプール。そして、大量の白バイ。

男の子が好きそうなものの宝庫だ。

テーマパークで、ニーズを満たすためにあらかじめ設計された楽しみを消費するのもいい。しかしそうでない日常生活や、あらかじめ消費を前提としていない場所で楽しみを見出すのも、楽しいと思う。そして、その楽しみのほうが好きだ。

なぜなら未知だからだ。

あまりの暑さに、公園内にあるキャンプ客用の売店で買い求めたクーリッシュとオールフリーで熱を冷ましながら、そう思った。

猫が隣のベンチで寝始めたので、写真を夢中で撮っている姿を、子連れのファミリーに変なおじさんを見るような目で見られたとしても、だ。旅をする時は変なおじさんになる位でちょうどいいと思う。

島は人に、変なおじさんになることを許容する。

芝生のベンチに半裸のおじさんがいて、半裸のおじさんの友達らしき汗だくおじさんが、不可解な踊りを踊っていても、ま、いいかと思える。

ビーチを後にして、羽田空港の逆側に歩くと、お台場やレインボーブリッジ、東京タワーも望める絶景の岸壁にでた。釣り人がたくさんいる。佃島もそうだが、島にはいつも釣り人がいる。

が、その中にまたしても変なおじさんがいた。なんかつり竿でなく、紐を思いっきり海に向かって投げている。え？

「なに釣ってるんですか？」

「カニだよ。」

「カニ？」

「ほれ！」

思いっきり紐をひっぱると、ガチでカニだ。

ガザミのように見えたが、「イシガニだよ」とおじさんは教えてくれた。

「食べるんですか？」

「ううん、明日タコつるからさ。その餌だよ」

プレミアムモルツ並に贅沢に時間を使う、おじさんがあらわれた。

釣りをするための餌のつりを、前日にじっくりするなんて。

佃島でチューハイ飲みながら、ゆったり時間を使うハゼ釣りおじさんをも上回る達人だ。

思い返せば、この島の時間もとてもゆるやかだ。まだまだ時間のネジは緩められる。

鮮やかな緑にほんの少しだけ赤みを帯びた、夕暮れの芝生に包まれたベンチに寝転がっている、別のお兄さんを真似して、空を見あげながら思った。いわし雲の中を時おり飛行機が羽田空港へ向かっていく。

よく見てみれば、ビーチで見ていた先ほどとは進入経路が変わっている。風向きが変わったのだろうか。よほどの強風でない限り風向きというのは、その変化に気づかない。だが歩みを止めて立ち止まれば、目に入る景色のうつろいが、普段は気付けぬ風の変化を気付かせてくれる。

紐を投げて釣ったカニ

飛行機の中を想像してみる。おそらく、それはかつて自分が知っていた機内とは違うだろう。おそらく乗客もスカスカなはずだ。旅行先につくワクワクが機内を包むこともないだろう。CAも「よし、今日の仕事おわり！　あとは三菱商事と合コンだ！」とワクワクすることもないだろう。帰宅あるのみだ。

この変化がどこへ向かうのか、誰もわからない。

先が見えないことに、モヤモヤしないない人なんていないだろう。

……が、いた。

練習が終わって、数百のコーンが規則性なく倒れた白バイ練習場を先ほどとは逆の公園側から眺めながら、ビーチにもどった。

まだ踊っていたおじさん

すると、さきほど半裸だったおじさんの前で、あの汗だくおじさんがサングラスをしてまだ踊っていた。一抹のモヤモヤもなさそうだ。

見たいけど、見てはいけない……。とその時、半裸のおじさんが手招きをした。

「おいで。」

逃げ出そうと思った瞬間、足は勝手におじさんたちの方へ向かっていた。

「こいつ芸人の駆け出しなのよ。観客いた方がいいから、一緒に見てあげて。」

半裸おじさんは言った。え？　駆け出しって、どうみても50歳、いってますよね？

「じゃあ、スタート！」

半裸おじさんが合図を出すと、汗だくおじさんは再び踊り出した。今風の若い女性ヴォーカルに合わせて、黒いチノパンに白いシャツ、そしてサングラスをかけて50歳すぎらしきおじさんが、まるで盗塁をうかがうランナーのような姿勢で、譜面台のまわりで左右に揺れながら踊っている。

駆け出しにちがいない。たしかに、そうは思った。

「スキャンダルだよ。知ってる？」

踊り終わったおじさんが発した言葉の意味を、はじめは解しかねたが、歌手のスキャンダルだと、すぐにわかった。

「おいくつなんですか？」

「もう50過ぎだよ。」

「50歳を過ぎて、芸人さんになろうと思ったんですか？」

「うん。」

「そうですか。素敵ですね。また、どうして。」

「じつは、前は俳優をやってたんだけどね。だけど……ちょっと体壊してしまって。でもね、またもう一回立ちたいな、って。こう、スポットライト当たる場所に。で、俳優はちょっと無理だから、吉本のスクールに入ったの」

半裸おじさんが続ける。

「それで、昨日こいつの公演があったのよ。でね、いまさ、反省会っていうか、こうした方がいいよね、とかやってたのよ。お兄さん、さっきからチラチラこっち見てたから、なら、お客さんとしてみてもらった方がいいな、って思って。」

「こいつ、すごいんだから」

汗だくダンスおじさんが、半裸おじさんを指差しながら言った。

「アウトレイジとか出てるんだよ。」

「そうなんですか。すごいですね。」

たしかに、アウトレイジに出てきそうな、いかついオーラが出ている。そして、これは長く芸能を続けた人にありがちだが、異様に眼光がするどい。

「ずっと、俳優一筋なんですか？」

半裸アウトレイジおじさんに尋ねた。

「うん、一応ね。それで食ってる」

すごいなと思った。芸事だけで食べていくというのは、ほんとうに大変なことだ。

「もう何十年もずっとこいつと一緒にやってきてさ。はじめはもっと、仲間がいたんだけど、だんだんいなくなっちゃって。最後は2人になっちゃったのよ。で、こいつが芸人になるっていうからさ。これは、応援しないわけいかないじゃん。」

「でも……」

そうはいっても、汗だくおじさん……。

「不安とかは、なかったんですか？　その……、その歳で吉本のスクールに入るなんて。」

「なくはないけどさ。周りは若いから。でも、やってみちゃえば、意外と大丈夫だよ。」

汗だくおじさんの汗は、おじさんくせに、輝いて見え、笑顔は明らかに幸せそうだった。

ずいぶんと、日も落ちてきた。昼間のうだるような暑さも少しおさまり、公園を出て本土へもどるバスを待った。城南島って、どんな島なんだろう。好奇心と若干の不安が入り混じっていたが、なんのことはない、その世界に飛び込んでしまえば不安なんていうのは、すぐに吹き飛んだ。

そういえば、ソロモン諸島の元首刈り島・ロビアナ島もそうだった。実際上陸すると、船頭が我々をおちょくった通りだった。

子供たちは笑顔で迎えてくれ、海に沈む夕日を撮影する自分の周りによってきて遊んでいた。島には電気も水道もない。観光客がくるようなところでもない。でも、人々はそれほど敵対的ではなかった。

美しい草原を通り抜け、うす暗い山の中へ、島の男が我々を連れて行き、「ここを見ろ」といった。人骨だった。

でもだからといって、もう不安はなかった。いくら過去のものだからと言われても、いざ実際に島に来るまでは、一抹の不安はあった。でも、実際に来てしまって、草葺の高床式の家で平和に笑顔で暮らしている彼らに接すれば、たとえ過去の凄惨な歴史の痕跡を目の当たりにしようと何の恐怖もなかった。彼らはいまを生きている。未知ゆえの不安はすぐに消えた。

不安に思うのは、それが未知だからだ。

そして歳を重ねるごとに、未知の世界に対する不安は増してくる。これまで安住してきた世界になれきってしまうせいだろうか。あるいは、不安と対峙してそれを克服する好奇心が衰えてくるのだろうか。

たしかに、「アフターコロナ」としきりに叫んで、やたらとパラダイムシフトにビビっているのは、おじさんばかりな気がした。若ければ若いほど、むしろそれによる変革は好都合と言わんばかりに飄々としている気がする。

いくつになっても、未知を楽しむ心構えさえ失わなければ、未知の世界に飛び込む不安など問題にならない。

そしてその際、年齢など、全く問題にならない。

しかし、どんな世界に、どうやって飛び込むかは重要だ。必要なのは、忙しい毎日の中で立ち止まり、かすかな風の変化に気付けるようになることだ。

「そうだ、よかったらこれ来てみてよ」。

そう言って汗だくダンスおじさんが、さきほど公園で見せてくれた次回の公演案内の写メを、島の工場から本土へ帰る人々をつめこんだバスで見ながらわたしはそう思った。

そして、あの謎のダンスの完成版もみたいと思った。

「NSC 東京25期卒業公演　RUSH＋　場所：神保町よしもと漫才劇場」。チケットを予約した。しかし……

「いけぶくろ……おおつか……」

ネタは全く別物になっていた。え？　ダンスは？　正直、ダンスの方が面白かった。

「高橋さんですねよね？」

公演が終わると、暗闇の中から客席をすり抜けて、アウトレイジおじさんが、話しかけてきた。

「はい、どうも先日は……」

「彼も、高橋さんきてくれるかな〜って言ってたんですよ。いやあ、嬉しいなああ」

「もちろんですよ。でも、あの……こないだの芸は？」

「ああ、なんか何パターンかあるらしくて、変えちゃったみたいね。」

え!!　たぶん、あのダンスのが面白かった……し、完成形をみたかった……。

「今日もこれから、反省会ですよ」

すべてのことは、思い通りにいかない。だからおもしろい。

アウトレイジおじさんとの反省会で、ネタはさらに未知の変化をとげていくのだろう。

アウトレイジおじさん（左）と、汗だくで頑張るおじさん（右）

第5章

中之島

～まさかの北区・赤羽に島？～

ココ！

赤羽のすぐ隣にあるトロピカルアイランド

「島で本でも読もう」

10月の晴れたある日、そう思って東京駅から京浜東北線に乗った。

喫茶店でコーヒーを飲みながら、読書するのが好きだ。だが、最近はどうしても混雑する時間帯には、人混みという空間に落ち着かなさを感じてしまう。

まだ午前中。ランチの時間帯にさしかかると、どこの喫茶店も混むだろう。

ならば人気の少ない静かな島で、ゆっくり本を読んでみるか、と。

リュックサックに何冊か本を詰め込んで、武蔵野台地のへリを眺めながら、向かったのは東京都北区、赤羽駅。

湾岸エリアでない赤羽に島なんて、と思うかもしれないが、れっきとした島がある。赤羽には、東京23区の島々の中で、もっとも静かな島と言っていい、中之島があるのだ。8年ほど前に訪れたことがあり、とても気に入っていたが、ここ数年殺人的な忙しさに見舞われ、再訪していなかった。

とりあえず、赤羽のユニクロで下半身用のウルトラヒートテックを買った。電車に乗

全部住所が同じ４軒長屋

った時は晴れていたのだが、少しだけ雲が増え、わずかに風の冷たさを感じた。島へ渡る際には、常に備えを万全にしておく必要がある。

ウナギやコイ料理で有名なまるます家や、日本酒をおでんの汁で割って飲む「出汁割」で有名な丸健水産のある、「ザ・赤羽」一番街を抜ける。すると赤羽岩淵駅に出る。ここからが、まさに「ディープ・赤羽」だ。北本通りを渡ると、一気に時が止まった住宅街に。そこから荒川をめざす。

佃島とは違う、モルタル造りの４軒長屋がある。住所を示す標識が玄関脇に貼られているが、４軒とも全て同じ住所。郵便を送る時は、どうするのだろう。

そんな長屋群の中に、「仙狸文庫」と書かれた棟があった。山と自転車関連の本をメインにした私設図書館兼古書店らしいが、店主の気まぐれで開けるとある。残念ながら、この日は開いていなかった。このゆるさが、「ディープ・赤羽」の魅力だろう。

　北本通りと荒川の間は、細い道がクネクネしていて、荒川を目指して歩いても、来るたびに毎回迷子になれる。だから、毎回新たな発見がある。迷子になれる街というのは、何回来ても飽きることがない。

　反面、もう一度出会いたいと思った場所に出会えないこともある。数年前に来た時、たしか随分と古風な洋館を本社としている工場に出会った記憶があるのだが、今回は出会えなかった。だから、偶然過去に出会った印象深い建築物に再び出会えると、見知らぬ街で昔の旧友に偶然出会ったような、嬉しさがある。今回も数年前に出会った、平屋でなんとも味のある中華料理店に偶然再会できた。だが、店はやっていなかった。久々に偶然出会った旧友に、偶然出会えた嬉しさはありつつも、なんだか元気がなく、少し心配になった、そんな感じだ。

　そうした、邂逅と発見を味わいながら、荒川と並行して流れる新河岸川を渡ると、いよいよ荒川河川敷だ。土手の階段を登りきると、一気に視界が開ける。対岸川口の、天

を目指す二棟のタワーマンションが、それでも遠く及ばぬ空の高さをより引き立たせる。これだけでも日頃の雑事を忘れさせるには、十分な開放感だ。東京は、空の高さを感じる機会が少ない。

それなのにこんなにも開放的な気分にさせるのは、ここがパナマだからだ。そして今回目指す中之島は、そんな日本のパナマともいうべき、東京と埼玉の境界、荒川に浮かぶ中洲の島だ。

それがどういうことか、少し下流に行けばわかる。赤く色めき始めた秋の桜並木を横に見ながら、オレンジの水門を目指す。中之島はこの岩淵水門の上を通り、歩いて渡れるのだ。

正確にはこのオレンジ色の水門は、旧岩淵水門。荒川の支流となっている隅田川の始点だ。

いや正確には、この水門完成以前、このあたりより下流は、現在の隅田川が荒川本流だった。だがあまりに洪水が多かったため、治水対策として、この旧岩淵水門から東側にもう一本、現在「荒川」とよばれる川を作った。なので、正確には葛飾区と墨田区、江戸川区と江東区の間を流れ、ドラマ「金八先生」で生徒たちがはしゃぎまくっている土手でおなじみの「荒川」は、実は「荒川放水路」と呼ばれる人工の河川なのだ。

大正13年に作られたこの旧岩淵水門は荒川上流から、隅田川への水量調節のために作られた。現在は少し下流に水色の岩淵水門が新たに作られ、その役割を担っている。荒川や多摩川が氾濫し、広大な河川敷が水に浸かった２０１９年の記録的大雨でも、隅田川は全く水があふれることがなかった。

そんな隅田川の、いや帝都・東京中心部の治水の守護神として大正時代に作られたのが、荒川の土手と中之島を結ぶ旧岩淵水門だった。

そして、この水門と荒川放水路を作った中心的人物が、パナマ運河建設に携わった唯一の日本人、青山士《あきら》なのだ。以前、初めて中之島を訪れた際、すぐそばにある荒川治水資料館を訪れ青山士の展示をみて、いきおい古本屋で青山士の伝記を購入した。

江東区で育った私は、小さい頃から何か心にモヤモヤしたことがあると、ここよりもう少し下流の荒川でぼーっとしたものだが、ずーっと荒川だと思っていた大きな川がじつは人工的に

作られた放水路で、それを作った人物が、小学校の授業で、

「人間って、こんなとこに、こんなデカイ人工の川作っちゃうんだ……すげえなぁ」

と驚いた、そのパナマ運河を作った人物だったのだ。彼が、工事が佳境の年末、この場で天ぷらパーティーを開き、自費で作業員たちをねぎらった、と言うエピソードが印象深かった。

だが8年前には、さらに驚くべき光景がこの旧岩淵水門にあった。

「死ね」「殺人」「悪」……。

めちゃくちゃ怖い言葉たちが、そんな偉大な建築遺産の入り口に、スプレーで殴り書かれていたのだ。そしてなぜか、たかしくんなる人物の似顔絵、ミキなる人物に対してと思われる愛の告白……。赤羽のカオスぶりをよく物語っていた。

そういえば、近くには水難事故を弔うお地蔵様があり、首だけを木製にし、修復されていた。

傍に「このお地蔵様は、心なき人に2度も首をとられました」

北区
中之島

との説明。

だが今回は、水門に書かれた落書きはすでに消されていた。赤羽もいまや住みたい街1位だ。時が流れた。

雲が次第にはけ、また晴れ間が見えてきた。久々にオレンジの水門を間近に見ながら、いざ島へ！

オブジェの宝庫

「いしだたみ、いしだたみ♪」

山川豊気分で、島まで一直線に伸びた水門上のグレーの石畳をわたる。

はじめはそんなチャラけた気分でも、島へ一歩近くたび、少しずつ空気が変わり、全身の感覚が研ぎ澄まされる。

いよいよ島へ入った。今までそれほど意識しなかった風が、なぜか存在感を持って感じられる。広さは小学校の体育館2つほどだろうか。草原に、20本ほどの木が、まばらに生えている。

島に入ると出迎えてくれるのが、灯台のような形をした、3メートルほどの鉄のアート作品。

「月を射る」と題されている。作者は「形あるものの消えゆく時間、造られたものが風化されて『風になる』という遥かなことに思いを巡らせています」と、説明書きで語っている。芸術家の考えることは大抵、すんなりとは理解できないが、なぜかこの島でこの像を見ていると、この説明がしっくりくる。

少し島を散策することにした。人気はまばらだ。島には何箇所かに、石製の椅子が置かれている。いかにも読書にピッタリそうなテーブルと椅子のセットもある。もっとも居心地の良さそうな場所を探しつつ、島をブラブラすると、同じく高さ3メートルはありそうな巨大な黒い石碑が現れる。

正面に力強く書かれている言葉は、「農民魂は、先ず草刈から」

島のイメージとは程遠い、農本主義的色彩の、そしてメッセージ性の強い石碑。8年前に訪れた時は、あまりの衝撃に石碑の写真を撮影しまくった。

「月を射る」

石碑の名前は、「草刈の碑」。由来記には、

「草刈は日本農民の昔ながらの美風で農民魂の訓練であり発露である。金肥の流行につれて草刈が衰え始めたので有畜農業の農民は却って益々草刈の必要性を認めたから草刈奨励の為（～中略～）全国に亘って町村大会郡大会都道府県大会と選手を選抜し最後に全日本草刈選手権大会を昭和十三年八月よりこの地に前後六ヵ年開いた。鎌を競う選手四万余名熱戦各二時間に亘り両岸に観衆溢れ旗指物なびいて一世の壮観であった。大東亜戦の為止むなく中止したが草刈魂を永遠に伝えるため農業団体其の他篤志家の寄付を仰ぎ茲に草刈の碑を建立した。

全日本草刈選手権大会

理事長　横尾堆肥居士　撰」

とある。

かつて、全日本草刈選手権なる大会が行われ、この地で4万人が草刈りをした。信じられない歴史がサラっと、ひっそり

「草刈の碑」

記してある。赤羽の島はあなどれない。そして大会理事長の名が、なんともオツだ。「横尾堆肥居士」。

「○○居士」はここでは戒名ではなく、男子につける敬称で、現代風に訳せば、「○○野郎」、「○○を愛する者」のような感じだろう。

「堆肥野郎」。「堆肥を愛する者」……。

金肥の台頭が日本古来の農業生産方式に変化をもたらし、それが日本の美風を損なっている、という大会への思い。そしてその生き様を表す自称として、こんなに洒落た名をつけられるだろうか。理事長の人柄さえもうかがわせる。

だが、そうした歴史はただ静かに、この赤羽の島にひっそりと佇むのみである。

形あるものが消えゆき、風になっていく。かつて4万人というSMAPばりの動員を誇った草刈り大会の歴史、そしてそれに象徴される、堆肥居士のいう「日本の美風」もまた、そうなのだろう。島の北岸に座り、対岸の川口を眺めながらそう思う。

いまはタワーマンションも建つ川口市。だが、かつてはキューポラの町として知られ、ここからの景観は工場地帯。煙の濛々と立ち込める町だったはずだ。いまその煙はすでに風に流され、普段は感じることはできない。

けれどこの島では、いまはそこにあるはずのない、そうした数々の風をうっすらとだけ感じることができる。

岸にすわり、少しぼーっとする。「パシャ、ロレ」という波の音と、鳥の鳴き声以外聞こえない。だが、

「じじじじ」

「ゆー」「びー」

「きー、きー」

「くぃくぃ」

「ひひひ！」「ぐわ」

「あーお　あーお　あーお」

「きききき」

普段は意識しないたくさんの鳥の声が、鮮明に選別されて脳に届く。

「ばりばりばり」

たまに船が通り、波が「パシャ」から「ポチャ」と、大きくなる。

「ファー」はるか上流の鉄橋を走る電車の音が聞こえる。

　だがよく聞くと、「ゴーー」という音を立てて走る電車と「ガタンゴトン」という音を立てて走る電車の2種類があることに気づく。京浜東北線と埼京線の違いか、上りと下りの違いか。

　この島にいると、そういった「音」にとても敏感になる。おそらく、それはこの島の圧倒的な静けさゆえだろう。四方を川に囲まれ、そしてその川の向こうも河川敷で街中と隔絶されている。東京側にいたっては、荒川と新河岸川という2本の川で街中から隔てられている。

　人が訪れる理由が何かあるような場所ではないから「言語」がほとんど聞こえない。

それゆえ、普段は意識しない「音」が、浮かびあがってくる。静けさゆえに。

東京23区の島は数あれど、この心地よさは、おそらくこの島だけだ。BGMは鳥の鳴き声、波の音、そしてたまに船と電車の重低音。読書に最適な島だと思ったゆえんだ。

島あるところにおじさんあり

「シー」と風が木の葉を撫でる音がした。読書するためにどこか座れる場所を探そうと島をブラブラする。

……と、下流側に人がいた。東京の島でおなじみ、釣りおじさんだ。この島は、人がわざわざ訪れる理由がある場所ではない、と書いた。だが釣り人は別だろう。

道具ケースを積んだ自転車をとめ、竿を5本しかけ、持参した金属パイプと布製のイスにすわっている。髪は白髪でボサボサ。上着は肌着っぽく、若干ピチピチ。地元のおじさんだろう。ズボンは迷彩だ。

気配を殺して、後ろから何が釣れるのかしばらく見ていたが、鈴のついた竿先はピクリともしない。おじさんもピクリともしない。「え？大丈夫ですよね……？」

「ガタ！」

おじさんが竿の位置を微調整した。よかった。

「釣れますか？」

「いや〜きょうは、全くダメだね」

笑顔で、おじさんは餌を付け替える。

「いまごろは、ハゼの季節なんだけどね。きょうは全然だ」

「中、見てもいいですか？」

「いいよ、ほれ。これが、クロダイで、こっちはセイゴ。で、ハゼは一匹。参っちゃうねー」

でも、すごい。1人ぶんのオカズになりそうな量だ。

「食べるんですか？」

「うん。クロダイはバターでソテー。セイゴもバターでソテーだな。ハゼは天ぷら。おいしいんだ。うちは毎晩魚のつまみが出るから。俺、料理上手なんだから！　ブログやってんだ」

魚釣りが好きで、料理も好きとは羨ましい趣味だ。

「ほれ、QRコード読んで」

え？　意外にハイテクで、びっくりする。カメラを起動すると、ブログが開いた。釣った魚のソテーなんて、最高だろう……。

え⁇

ブログの投稿タイトルは、

「オレンジチーズケーキ」「アメリカンチェリータルト」「キャラメルチョコレートプリン」……。

めちゃくちゃ甘党じゃないですか。というか魚関係ないし……。

「おれ、ケーキとか作るのめっちゃうまいんだ」

たしかに写真を見ると、プロ顔負け。人は見た目が9割というのは、ウソだ。話を聞かなければ、人はわからない。

「おれ本当はね、ウナギが専門なの」

「え？　ここら辺で？」

「うん。去年は200匹以上釣ったな。記録してんだから」

すごい。こんな島に、荒川のウナギ達人おじさんがいた。

「友達とか呼んで、バーベキューして食べちゃうの」

楽しそうな笑顔で見せてくれたブログには、たしかにスイーツに混じってうな重の写真がある。これが野田岩のうな重と言われれば、そう信じてしまうくらいおいしそうだ。

「ここら辺で獲れるウナギって食べられるんですね」

「食べられるよ。でもね、本当はウナギ狙うならね、この島では釣れるけどやらないの」

「なんでですか？」

「この島だとね、隅田川をのぼってきたウナギが釣れちゃうの。こっちが、隅田川でしょう。隅田川をのぼってきたウナギはダメだよ。おいしくない。だからあっちの荒川をのぼったウナギを狙うのよ。ぜんぜん違う。だから、もう少しあっちで釣るの」

おじさんは、少し上流の河川敷を指差して言った。この中之島は、荒川が荒川放水路と隅田川とに分岐する地点に位置する。

「こんな数十メートルで、ぜんぜん味が変わるんですか？」

「うん、ぜんぜん違う。荒川のぼってきたウナギは、本当においしい。なんか、特にこの2～3年、味がすごい良くなったの。それ以前はね、1週間くらい、真水で水槽に入れて泥抜きしても、それでも油臭かったの。20年ぐらいいろいろ試したの。牛乳で洗ってみたり、いろいろ。それでも油臭くささは抜けなかったの。でも、この2～3年は急

水門工事中

においしくなった。うちにたくさん冷凍してあるよ」

「今年はどうですか、２００匹超えそうですか？」

「今年はダメだね。コロナで、もうずっと春から釣りに出てなかった。ようやく先月かな。9月くらいから再開したの。」

今年63歳。仕事を引退していよいよ趣味の釣り三昧、のはずだったが、そうもいかなかったらしい。でも、ようやく日常を取り戻しつつある。

「何時ごろまでやるんですか？」

「夕方まで」

「え？　ずっと？　長くないですか？」

「たぶん、今日ね、小学生が来るんだよ。」

「小学生？」

「うん、この島に一人で釣りにくる子がいるんだよ。夕方の3時くらいかな。名前は知らないんだけど。小学生だけど結構釣りに詳しくてね。おじちゃん教えてくれって、話しかけてくるの。」

「へえ、いいですね」

「今日、会う約束してる。たぶん、きょうその子が新しい竿を持って来るんだ。どうしても、欲しい竿があるって言ってて、でもどうやらその子、お小遣い制とかじゃなくて、1年に2回、誕生日とクリスマスに好きなもの買ってもらえるシステムらしいの。

だから、この季節には買えないのよ。でも、どうしても、ってお母さんと交渉して、クリスマスを前倒しして、昨日の夕方買いに行くんだって言ってたんだわ。

だから、きょうその竿持ってきたら、糸巻いてやるって約束したんだ」

釣りについて話していた時よりも、さらに楽しそうな笑顔をしている。

「なんかさ、お父ちゃんは広島の方にいて、週末だけ東京に来るんだって。帰る方角一緒でさ。一回だけ一緒に帰ったことあるんだけど、そん時そう言ってたんだ」

「少し、寂しいですね。」

「まあ、そうかもな。俺も孫がいて、孫はもちろんかわいいんだけど、根っからのインドア派でね。だから、釣りではその子を可愛がってやろうと思って、がははは。ま、趣味は強制できないから」

あたりのない竿の糸を巻き、餌を変えながら、話してくれた。

「お、釣れてた。ハゼだ」

茶色の魚体に、光沢のあるグリーンの模様が美しい、活きのいいハゼだ。

「きょう、楽しみですね」

「そうだな、ガハハ」

狙わず糸を手繰りよせた時、魚がつれるというのは、とても幸せな気分になる。

ウナギおじさんのもとを辞去して、読書をしようと、テーブル付きの椅子に向かった。この島は、何か人が訪れる理由があるような場所ではない。そう思った。

でも、おじさんは小学生の新しい釣竿に糸を巻いてやるために、本来なら釣れるウナギは美味くないこの島に、きょう訪れていた。

それは、すごく素敵な理由だ。テーブルに本を出しながら、そう思った。

はじめは、服がピチピチで、一見変なおじさんに見えもしたけど、本当に素敵な……。

ん？

島の端で、変なことしてるおじさんが……。

金属製の棒に、カメラを取り付け、3６0度、グルグル回転させている。気になる……あのおじさん、気になる……。

本を読みに来たのに、読書にならない。木の下で、カメラをグルグルグルグル。

「すみません。何してるんですか？」

「ああ、これね。カメラを3６0度回転させる機材を買ったから、練習してるの。スタビライザーみたいな感じで、綺麗に撮れるの。ほら。」

そう言って、秋なのになお若々しい緑をたたえた木の葉の動画を見せてくれた。

「なるほど。なんでこの島で？」

「だってさ、街中でやってたら怪しいでしょう。ここなら、人いないから」

確かにその通りだ。「人が訪れる理由がない」という、それ自体が訪れる理由になる。思えば、本を読みにこの島にくるのも似たようなものだ。

「そういうあなたは、何やってるの？」

「島が好きで、いろんな島を回ってるんです」

「あ、そうなの。じゃあ、絶対好きな島があるよ、ちょっと来て。座ろうか」

おじさんがおじさんに話しかけ、おじさんが目を輝かせる。東京の島は、変なおじさんの楽園だ。

「金門島っていうの。台湾なんだけど、知ってる？」

「いや、知らないです」

「どこにあると思う。ほら、ここだよ！　もう、ここもう中国でしょ！　みんなさ、台湾と中国って、この台湾海峡を挟んでにらみあってると思ってるんだけどさ。そうじゃないんだよ。台湾って、中国のこんな近くなの。その金門島の横のこんな僅かな距離が、国境なんだよ」

「遠くへ行けば遠くへ行くほど違う物があると思ってた。近すぎて興味持たなかった。でも、行ったらとても魅力的だった。あやふやな感じが面白い。台湾なのに、中国っぽくもあるんだよね、なんか。俺も島が好きでね。キューバとかも好きなの。あそこも島国

おじさんがグルグルしていたカメラ

でしょ？　でも、島だけじゃなく、インドとか、イエメンとか、いろんなところいってるよ」

カメラグルグルおじさんは、デザイナー兼カメラマンだった。世界中を旅して、写真を撮って、それを雑誌に投稿している。

「『トランジット』って知ってる？　あれにも書いてるんだ」

むかしバックパッカーだった頃、「こんな生き方をしたい」、そう思ったようなおじさんだ。

「さっき、カメラグルグルしてましたけど、動画もやるんですか？」

「いや、本業は写真。でも、コロナで暇だったから、はじめようと思って。」

かっこいいおじさんだ。おじさんと呼んでいるが、おしゃれで黄土色のジャケットの似合う、イケメンおじさんだ。

「おいくつなんですか？　若く見えますけど」

「56歳。結婚してないからかな。美大出てね、そこから結婚しないでぷらぷらしてて……」

おじさんは、撮った写真を何枚か見せてくれた。

ブルカをかぶりほほえむイエメンの少女。自転車のハンドルを握り照れて口元を隠す少女。

「この子の自転車さ、この時気付かなかったんだけど、ハンドル右側が半分ないんだよね。すごいよね」

見せてくれた写真はどれも、ほほ笑むその目に力があった。素敵だった。

「こういう人たち。生きてる顔、自立して生きてる顔っていうのが好き」

「生きてる顔、自立して生きてる顔ってどういうことなんですか？」

「結局ね、旅してて思ったのは、どこに行っても多くの場合1つのものの別のバリエーションを見せられてる気がするの。違う世界にいると思ってたのに、どこにいっても、同じ何かが混ざってる。カクテルを飲んで、なんか全部違うんだけど、残る後味が同じっていうか、そういう感じ。どれにも同じリキュールが入ってるっていうか。たぶん、それは西洋とかキリスト教とかなのかな。どこいっても、その影響を感じるんだよね。だから大抵、そのバージョン違いを楽しむしかない」

おじさんは、熱弁する。おじさんに連れられてきた石のベンチは、木陰で冷たい。本当に下半身のウルトラヒートテックを買ってよかった。心の底からそう思った。

「僕もね、島が好きなんだけど、竹富島より与那国島の方が好きなんだよね。ガツガツしてないっていうか。竹富島の方が、どうしても『沖縄を味わってください』っていう、なんかその押し付けがましさを感じるんだよね。バラナシもそう。インドっぽさを味わってくださいね、っていう下世話さ。つまり商売っけ。それが嫌いなんだと思う」

確かにそれはもう自立していない。見世物をする相手がいなければ成立しないのだから。そういうことだろう。

言っていることは、素直に腑に落ちた。

かつてアフガニスタンを旅した時のことを思い出した。2005年のことだった。まだアフガニスタンは内乱が続いていた。アフガニスタンの地図を作るという知人にそそのかされて、私はトルクメニスタンから陸路、その知人はタジキスタンから陸路でアフガニスタンを目指した。

当然日本でビザは発給していない。発給

されるとしたら在トルクメニスタンのアフガニスタン大使館だが、それも行ってみなければわからなかった。インターネットはすでにあったが、いまほどＳＮＳが活発なわけでもなく、また独裁国家として名高かったトルクメニスタンの情報は当時極端に少なく、国境までの交通手段すらも不明瞭だった。

友人はタジキスタンの国境でロシア軍の警備兵に連行され、残念ながらアフガニスタンで会うことはできなかった。

わたしは運良くビザを手に入れ国境を通過し、シャルワーズ・カミーズという現地の服で変装して砂漠に点在する村をバスで駆け抜け、ヘラートにたどり着くことができた。

そしてその時へラートで見た金曜モスクの美しさに心を打たれた。雨上がりの青天。紺碧の空とタイルのイスラミックブルー。そしてモスクが反射した前庭の水溜りのイスラミック透明ブルー。

立ち尽くすしかない美しさを誇る、その青の豪華共演の場には、1点の商売っ気も、ただ一人の観光客もない。礼拝の時間になれば、その美しい空間に、敬虔な祈りを捧げる人々のみが集まる。その神々しさは、商売っけという世俗さを排除しなければ、決して感じられるものではなかっただろう。

だから、ただそれを邪魔せず、彼らの流儀にしたがって、自然に振る舞い、彼らが赦してくれる時だけ、少しだけ輪に入れてもらう。そして、静かに立ち去るのみだ。

おそらく、「東京の23区の島」に惹かれるのも、同じ理由だろう。これらの島で出会う変なおじさん、いや素敵な体験の数々は、このヘラートでの体験と、本質的には同じなのだと思う。

年をとり、経験を重ねるにつれ、彼の言うように遠くへ行ったり、あるいは危険な場所へ行ったりしなくとも、それを身近な世界の中に発見できるようになってくるのだろう。

「そうだ、島が好きならこれ良かったら読んでみてよ。俺の思うこと、全部書いてあるから。」

彼は、かつてパプアニューギニアのトロブリアンド諸島キリウィナ島を旅した記録を電子書籍に残していた。

ん？

「『とろとろトロピカル』？」

危険なタイトルだ。本能的に。なんとなく。

660円という値段設定。『キングダム』や『鬼滅の刃』以上の価格に躊躇したが、購入した。

「お気をつけて」

カメラグルグルおじさんは、自転車で去っていった。ようやく日なたのあたたかいテーブルに、持って来た本を広げ腰をすえる。思った通り、心地よい。

が……。

やはり、『とろとろトロピカル』が気になりすぎる！

Kindleを開いてつい読み始めてしまった。すると、けっこう面白い。タイトルに反して、中身はちゃんとした旅行記だった。

4年前に3人でパプアニューギニアを旅したが、そのうち2人が旅行後亡くなってしまう……。そこで、4年前の旅行を思い出し、旅行記を記すことになる。一気に読みすすめてしまった。

「モショモショ、ミー」

絶好の読書スポット

２００ページほどよんだ。気づくとすずめたちが、街中から帰ってきて、木の中で賑やかに寝支度を始めていた。

結局、読書はほとんど進まなかった。だが、素敵な本を何冊もみつけた気分だった。

辺りは少し赤みを帯び始めていた。

急いで帰り仕度をはじめた。釣りおじさんは、まだ一人で釣り糸をた垂らしている。水門を渡ると川岸の低層アパートに、ちょうど赤いランドセルを持った女の子が帰宅しているところだった。

「よかった」

少し安心した。

あの少年が来る前には、島を去ろう。そう決めていた。

中之島回想録

8年前もやっぱり味のある人の宝庫だった

8年前に出会った洋館風の会社。今回は出会えなかった

ニコ動で配信する練習

8年前の水門は、スラム感満載

首だけとられたお地蔵さま

佃島の桜並木。中の島のちょうど対岸あたり

第6章 もう1つの中の島

～ピンクに染まる小さな島～

ピンクに染まる、もう1つの中の島

わたしはその春、とても疲れていた。3歳になった子どもがわたしのことを、「へんなおじさん」と言って、いじってくるのだ。それだけではない。仕事がガチの「へんなおじさん」だらけで、とんでもなく振り回されていた。例えていえば、クリア不可能な人狼ゲームだった。簡単に言うとすると、人狼だらけの人狼ゲームなのに、人狼同士も協力せず、人狼同士も殺しあう、いわば『バトルロワイヤル式人狼ゲーム』。さらに例えるなら、芥川龍之介の『藪の中』が進化した『藪の中2・0』という感じだ。

事件の目撃者全員が、違う発言をするだけでも、多くの読者を混乱させた名作として名高いのに、それらの登場人物が時と場合によって、さらに発言内容を変えていくという、極めて進化した『藪の中2・0』。

問題を解決するために、わたしは登場人物たちの、きわめてバラバラな発言の動機をひもとく必要があった。骨の折れる作業だった。ともあれ、そんな疲弊のなか春を迎え、住んでいる佃島の桜も満開になった。佃の河川敷の桜は、まことに見事だ。島の先端部は見事な桜並木が水辺にそって続き、桜の奥に遠くスカイツリーがのぞめる。

島の内陸部では、佃支川にそって、これまた見事な桜並木が、真っ赤な太鼓橋や、停泊する船、そしてゆっくりと満ち引きする潮とあいまって、大きな時の流れの中に、小さな時のうつろいが、確かに存在していることを感じさせてくれる。

　上野公園や、代々木公園とくらべても見劣りしない独特の魅力があると思うが、その無名さゆえに、島民でにぎわってはいるもののわざわざ島外から訪れる人がそう多いわけでもない。佃の桜のいいところだ。佃に住んでからは毎年、桜の季節には、河川敷やこの佃支川で桜を愛でてきた。

　だが2021年、わたしは『藪の中2・0』、もしくはクリア不可能な『バトルロワイヤル式人狼ゲーム』に疲れ果てていた。

佃折本の釣船乗り場撤去前の佃堀と桜（2018年）

桜の季節をむかえ、そんなわたしの心にうかんだのは、

「限界集落の畑のなかに、静かにたたずむ、一本桜を見に行きたい！」

という思いだった。

やけに具体的なのは、どこかでそういった映像をみたことがあったからだ。テレビだったとはおぼろげに覚えているのだが、番組名もいつごろみたかも思い出せない。ただ、心のなかにその一枚の映像だけが残っており、ときおり思い出す、わたしの中のマイ桃源郷だった。

だが、当然行くことはできない。まず、マイ桃源郷はどこにあるかわからない。その映像一枚だけが頭に残っているだけだから。しかも『藪の中２・０』がまだまだ続きそうなので、旅行に行っている時間はなさそうだ。

「諦めかけていた、その時！」

と、テレビだったらナレーションを入れるであろう、「翌日は雨」、そして「桜はほぼ満開」という、２０２１年のお花見勝負デー。

わたしは、妙案を思いついた。

「あの無人島に、一本桜を見に行こう」。

そう思った。

離島で見た桜で一番心に残っているのは女木島だ。瀬戸内海にうかぶ、人口200人ちょっとの鄙びた島で、ここが桃太郎の鬼ヶ島だという言い伝えがある。

だが、そんなおどろおどろしい伝承とはうらはらに、とてものどかなその島は、春になると港から、鬼が住んでいたとされる島の頂上の洞窟まで、2500本もの桜並木が、鬼のすみかへ誘うとは思えないほど幻想的な、淡いピンクの道を作り出す。

頂上へ行くと巨大な赤鬼の坐像があるのだが、満開の桜に囲まれて、どう見ても、花見でほろ酔いの、幸せそうなおじさんにしか見えない。

洞窟の中にも鬼がたくさんいるのだが、こんな桜並木をくぐってきてしまった日には、居並ぶ鬼たちなんて怖くもなんともない。

鬼たちは、のどかな桃源郷の住民で、そこに桃太郎が勝手に攻め入ってきたようにしか思えない。善悪の立場を逆転させてしまう。それほど、女木島の桜は素晴らしかった。

だが今回向かうのは、さらに鄙びた無人島だ。それも咲き誇るたぐいの桜ではない。島に数本あるだけ。正確には、島の北と南に一本ずつ。西岸に2、3本の桜がポツンとあるだけの島だ。

『バトルロワイヤル式人狼ゲーム』に疲れた気持ちをほぐす旅には、ちょうどよく思えた。

さっそくその場所へ向かった。

家を出て歩いて5分。その場所へ着いた。

銀座からならチャリで15分。月島駅からならチャリで2分ほどだろう。

その島は、中央区との境に接する、江東区にある。

銀座からチャリで15分の無人島

江東区・越中島と、中央区・佃の間を流れる、隅田川の派川、晴海運河。その運河にかかる相生橋の真ん中にある、中の島。

もともとは隅田川の中州だったが、明治36年に両岸から橋が架けられ陸続きとなり、現在は相生橋の歩道の脇から降りることができる。

銀座からチャリで15分という、大都会のど真ん中にある無人島ながら、越中島と佃島の間という、極めてマイナーな立ち位置だからか、この島の存在すら都民の間でもほぼ知られておらず、地

元民でもその存在を知っている人は、ごくわずかだ。

橋を渡っている人でも、ちょっと気にしていないと、島に上陸する進入路があることになかなか気づかない。23区の島の中でも、屈指の存在感のない島といっても過言ではないだろう。

わたしは毎年、中の島の桜が咲き誇るのを気にかけながら、じっくりと島を訪れて桜を見る機会を逸していた。どうしても佃島の桜に、目がいってしまうのだ。

だが今年は、この中の島に心が動いた。
けれど上陸してすぐに、心がざわついた。島には相生橋の上流側の歩道、下流側の歩道、どちらからでも降りられる。

わたしは、家に近い上流側の歩道から脇道に逸れ、島へと上陸した。上流側には大きな一本桜が、対岸の佃島タワーマンション群とその河川敷の見事な桜並木とは対照的に、ひっそりと咲いていた。対岸は、コロナの自粛生活に耐えかねた花見客が、それでも想像以上の律儀さで、座り込むのではなく歩いたり、テントを張ったりして、やや賑やかだった。

だが、わずか数十メートル離れただけの、中の島は鬱蒼とした林のような静けさだった。こちら側の桜は少し葉桜になりかけていた。橋の下をくぐって、下流側へ向かおうとすると、

「！」

円柱が無数に立ち並び、行く足を止めさせる。どうやら、その円柱の上を、ケンケンパのように渡っていかなくては、ここから島の下流側へはいけないのだが、橋の影が行く手を暗闇に染め、いやおうなく憂鬱な気持ちにさせる。足元を見ると、割れた貝殻やフジツボがびっしりと、円柱が生えている地面や、円柱の壁面を覆っている。どうやら、いまは潮が引いているから、地面が剥き出しになっているが、潮が満ちて

くると、この円柱の上の方まで水位が上がってくるらしい。

このあたりは海がすぐ近くで、潮の満ち引きの振り幅が大きい。直感的に「おそらく満潮になったら円柱の上まで水が満ちてこちら側へ戻れなくなる」と感じ、そんな思いがさらに気持ちを憂鬱にした。

わたしは、島の桜といえば、で思い出した女木島を訪れる少し前に訪れた、おなじく瀬戸内海に浮かぶ釜島という無人島を訪れた時のことを思い出した。

釜島はかつて人が住んでいたが、わたしが訪れた10年ほど前にはすでに無人島になっていた。その島の中央部にある廃校となった小学校を撮影しようとその島を訪れたのだ。だがその時も、今回とおなじく、上陸早々行く手を遮られた。浜辺から学校へと続く道はすでに、笹と竹が覆い茂り、「リアル藪の中」。どこが道なのかさっぱりわからない、「リアル藪の中」では、真実がどこにあるのか、とかそういった観念的なことが問題ではなく、自分がどこにいるのか、さっぱりわからない恐怖に襲われたことを思い出した。

それだけではない。「ぐぇー！　ぐえー！」という、島を寝床にしている海鳥たちの威嚇が絶え間なく続き、時にこちらに攻撃をしかけてくる。ドラゴンクエストというゲームでは、モンスターが人間を襲ってくるが、「別にあれ、架空の話ではなくて、野生では動物がふつうに人間を襲ってくるんだ」と、あまりの恐怖にゲームの世界観を自分の中へ移入することで、自分を納得させようとしたことを思い出した。

この中の島にも、あの釜島に似た憂鬱さがある。それはどこへ続くかわからない、暗闇の中にある道によるものだ。だが、憂鬱な気持ちを言い訳にして前に進まなければ、いつまでも鬱蒼とした林から抜けることはできない。そして躊躇しているうちに水位が上がり、まだ見ぬ向こう側を見ることさえできなくなってしまうかもしれない。

暗闇の中、足場となる円柱をしっかり捉えながら歩いていく。

途中異臭がした。どうやら、この橋の下で寝ている方がいるようだ。水位が届かぬ壁の上に布団を敷いて眠るその人の傍には、女性もののように見受けられるアクセサリーが、いくつか大切にかざってあった。

話を聞いてみたい気持ちもあったが、眠っていたので邪魔をせず、暗がりの円柱ゾーンを抜けると、一気に視界が広がった。

小ぶりながら満開の桜と、水上に浮かぶ未来都市かと見紛う、豊洲の高層ビル群が眼前に現れた。

豊洲の近代的なビル群はなかなか絵になるが、恐らく今までみた豊洲の中で、この中の島からみた、目の前に広大な運河をたたえた豊洲の姿が一番美しい。

そして振り返ると、島の頂上に大きな大きな一本桜が咲いていた。毎年変わらず咲き続けてきたであろうこの一本桜と、桜が咲くたびにその姿を変える豊洲の街並み。

一眼レフで切り取った写真の遠近感のように、フォーカスが異なる時間の流れを感じさせるその見事な景観は、間違いなく、憂鬱な気持ちを振り切って、どこへ続くかわからない暗闇へと一歩を踏み出す価値があるものだった。

思えば、釜島の「リアル藪の中」の暗がりを進んだその先にも、美しい「宝」が待っていた。

竹藪の中に現れたのは、屋根が崩れ、光が校舎の中に入り込む、幻想的な教室の光景だった。そしてその近くには、クレヨンで描かれた1枚の絵が、その原色のきれいな色彩を放ちながら奇跡的に残されていた。

この学校の生徒が描いた絵のようだった。

朽ち果てた校舎と、そこに残されていた在りし日の校舎の絵は、この、中の島の桜と豊洲のように、たがいに共鳴することで時間の神秘を感じさせた。

人生において変わるものは何で、変わらないものは何か。一見「藪の中」と思える、こんがらがった問題も、「変わるもの」と「変わらぬもの」を選り分けることで美しい解決につながるのかもしれない。

そういえは、桜の美しい女木島は、生徒たちがただただ殺しあう、『バトルロワイヤル』という作品の舞台のモデルだとも言われていた。

そう聞けばとてもおどろおどろしい不安げな島に聞こえてしまうが、実際に島をみ

てみれば、どうだ。そこは、ただただ美しい淡紅色の桃源郷だ。時とともに移りゆくレッテルや評判ほどあてにならないものはない。たしかなのは、美しいものが、ただ美しく存在し続けるという事実。ただそれだけだ。

闇や不安を振り払い踏み出さなければ、その美しさを見ることはできない。

そう思いながら、ベンチにたたずんでいると、またデジャブがおきた。

ハトだ。ハトが、すごい勢いで数羽、近くに飛んできた。この島は、それほど人が訪れる場所ではない。おそらく、あそこで寝ていたおじさんが餌付けしてるのだろう。

無人島では、いつも、鳥が襲ってくる。

第7章

夜の佃島

～東京で最古の盆踊り～

島の盆踊り

夏の佃島は、とりわけ異界感が強まる。ふだんにもまして開放的になるからだ。夕方には路地にイスを投げ出し夕涼みをするおじいさん。水撒きをする佃煮屋。高層ビルをはるかかなたにのぞみながら半裸で素振りするおじさん。道端に作業机を出し箸を作る職人。住吉神社の裏手の堀には漁船が密集し、ラフな格好で男が漁船にたたずむ。

暑ければ半裸OK。道端でイス出しておしゃべりOK。休憩するのは船の上。でも橋の向こうはすぐに銀座。東京の異界は、夏、その本領を発揮する。

だが、そんな夏のなかでも、とりわけこ

の島が「異界」となる2日間がある。7月の13日と14日だ。

14日、わたしは佃小橋をわたって、昔からの漁村の名残を残す、佃1丁目をおとずれた。

暗闇の中、橋のむこうに白一色の提灯あかりが浮かび上がる。

きょうは、佃島の盆踊りだ。

佃島には、江戸時代の風情を残す念仏踊りが、東京で唯一残っている。そう知って、ずっと行きたいと思っていたのだ。

橋をわたると、盆踊りが行われる広場に出るのだが、それは我々のイメージする盆踊りとは、まるで違っていた。

提灯は紅白ではなく白のみ。そして「南無阿弥陀仏」の文字。「東京音頭」や「炭坑節」といった、おなじみの音楽が流されるということもない。組まれたやぐらの上で、おじいさんが民謡のような節回しの独特な歌を、自分でたたくスローな太鼓に合わせて唄う。その歌にあわせて、時折やぐらを囲む踊り手が、合いの手を入れる。

「アー、ヤートセー　ヨーイヤサー　ヤーシ」

……と聞こえる。が、合いの手も、歌も何を言っているかは、聞き取れない。屋台もない。全てが異質な世界だった。

「仏壇に、お参りしてください」

島の広場を訪うと、そう案内人に声をかけられた。隅田川に背を向けて、広場のどんつきに、人が列をなしていた。線香の懐かしい匂いがする。

精霊棚にはロウソクが1本灯され、スイカやモモ、マスカット。立派なニンジンやキュウリが備えられている。

そして、掛け軸には大きく「無縁仏」とあった。

「佃の盆踊りは、お祭りじゃなくて。供養なんです」

お参りをうながしてくれた、地元の人らしき男性が、そう教えてくれた。

「だから、屋台も昔から出ない。仏様の供養だから」

盆踊りは、その地域で新盆を迎える死者の供養や、先祖や霊を迎える盂蘭盆会が、次第に娯楽性を帯びていったものだ。もちろん佃島の盆踊りにも、祖先の霊を供養するという側面もあるという。だがそれだけではない。仏様とは精霊棚にあった、無縁仏のことだとその男性はいう。

「佃島は昔からよく、死体が流れついたんだ。身投げとか。おれの親父も、死体を触ったことがあるらしい」

佃島は隅田川の河口に位置し、よく無縁仏が流れ着いたのだそうだ。

「この祭りも、明暦の大火の時、流れ着いた無縁仏を供養するために始まったんだ。江戸時代はみんなが好き勝手に盆踊りができなかったらしいけど、佃島の盆踊りは幕府から特別に許可されたんだ。だから、江戸の当時の歌や踊りが残ってる。

昔、墨東病院に入院してるんだけど、お参りしたいって、ここまで車椅子で来た人がいた。東京大空襲で子どもが死んだらしい。空襲の時は、みな川に飛び込んで亡くなっ

たから。だから、ここにお参りに来たんじゃないかな」

墨東病院は墨田区の錦糸町にある病院だ。あのあたり一帯は、東京大空襲で大きな被害をこうむった。そのあたりで育ったわたしは小さいころ、燃え盛る火から逃れるために川へ飛び込んで、多くの人が亡くなったという話を聞いたことがあった。だから、夕方日が暮れると、川を渡るのが怖くて、暗くなる前に家に帰ろうと考えていたのを思い出した。

東京都無形文化財にも指定される佃島の盆踊りは、昔からの形をよく残している盆踊りだ。江戸時代も、明治時代も盆踊りはたびたび禁止された。理由は、「けしからん」と年配が眉をひそめるハロウィーンなど比じゃない、乱交パーティーになりかけたからだ。

まだテレビ番組のディレクターとして駆け出しだった26歳のころ、ジャニーズの番組をやることになった。Hey! Say! JUMPというアイドルがMCだったのだが、「年配層もファンに取り込みましょう」と屁理屈を言い、日本の奇祭を取材するというコーナーを企画して、趣味もかねて日本中の奇祭をまわった。

その時、さまざまな祭りを調べ、実際訪ねたが、いきりたつ木の棒を

撫で回す、真っ暗闇にしたお堂の中で奇声をあげるなど、性のメタファーや名残は、日本中多くの祭りに見られた。

盆踊りも、当然そうした色彩を帯びていた。それゆえいくたびも禁止や弾圧を経験し、次第にその形を変えていった。だから江戸の念仏踊りを今に伝える地域は数少ない。佃島の盆踊りは、いまに当時の念仏踊りを伝える旧江戸市中では唯一の盆踊りだ。地理的な隔絶性、それから先祖だけでなく無縁仏をも供養することが関係していたのかもしれない。

提灯や歌も独特だが、動きも独特だ。ふつうの盆踊りにくらべると、すこしゆっくりした動き。そして、手と足が同時に出る。

「これは、ナンバ歩きっていってね。江戸時代にはこういう歩き方があったんだ」

独特な動きだが、子どもたちも踊っている。佃の小学校では、この盆踊りの踊り方を習うのだそうだ。

「でもいまは、お祭りといっても全員でて来なくなった。いまは遊びがなんでもあるから。パソコンもビデオもある。興味を持つ人も少なくなった。昔は盆踊りくらいしかなかったから」

その男性は続けて言った。

「いまは俺も、漁の権利は売っちゃった。勝手にやってるだけ。釣り船も1～2年前にやめた。でも、いまでもよそから買ってきて白魚は献上しているんだ」

屋台は出ていないが、この日は広場の駄菓子屋が夜8時を過ぎてもまだあいていて、ブルーの庇を透過した、あやしい光を放っている。

おわるまで、そこでただずっと踊りを眺め、帰路についた。

流れ着く無縁仏は、もともと佃島に縁もゆかりもない。ただ流れ着いたというだけだ。それを供養する。

身投げにしろ、空襲にしろ、心中にしろ、此岸の苦しみから逃れようとして、この島にたどりつかざるを得なかったことに変わりはない。

だが彼岸を求めるのは死者だけの特権ではないはずだ。島には、都会という大きな営みに対して、心理的距離をとることが叶う障壁がある。独特の結界がはられている感じだ。夜と朝は特にそう感じられる。

そこは、東京の異界だ。

8年前に訪れた佃の盆踊りを思い出しながら、そう思った。今年は江戸から続いてきたその盆踊りが、開かれるか定かではない。昨年はコロナで中止になった。

その8年の間に結婚し、佃島に移住し、8年前に見た怪しい光を放った駄菓子屋に、子どもと幾度となく通うようになった。

だがその駄菓子屋も、高齢の店主はコロナを理由に店を閉めた。道端で箸を作っていた職人の店は綺麗なビルになり、漁船が密集していた住吉神社裏手の堀は、味のあった佃折本の船着場が撤去され、綺麗に整備された。船の数もグッと減った。

時間の流れが止まっていると思っていた島も、あらためて8年前と比較すると、たしかに変化している。

当時はわからなかったが、買ってまで白魚を献上していると言っていた漁師の気持ちが、いまは少しわかる。

この島に残る生活の中にわずかだが漂う江戸の気風は、本当に東京の中でも稀有なものだ。そして島であるがゆえの、東京の中での異質感も、他に見当たらない。

「東京の異界」は、消えてしまうのか。

たしかに、住み始めてから現在進行形で佃島を見ている間は、まだまだ佃は昔ながらの風情を残している気がしていた。

だが、8年という歳月の間に、旭湯という銭湯はファミリーマートになり、そのあ

佃島にあった駄菓子屋 山本商店（2013年）

おりを受けたのだろうか、その銭湯の近くにあったレア・コンビニの「コミュニティストア」は閉店した。

昼は畳屋をやりながら夜は居酒屋をやっていた幸侍は畳屋をしめて居酒屋だけになり、路地に入ったところにあやしく佇んでいた寿司屋・花ふじは、その面影を一切残すこともなくマンションに様変わりした。

この8年の変化は、東京の平均的なそれに比べて早いかと言われれば遅い気はする。勤務先の港区には、神谷町と六本木一丁目の間、仙石山と言われたあたりがついこの間までは昭和の香りを色濃く残し、急な坂道を下りていくと蔦のからまる美容室がひっそりあらわれるような、港区とは思えないレトロな住宅街だった。だがまるで隕石でも落ちたかのように、跡形もなく更地になった。ここに日本一の高さのビルが建つそうだ。

虎ノ門あたりもそうだ。愛宕山の裏手あたりには古くからある印刷所やアパートが軒を連ね、佃のような路地が残されていたが、跡形もなく高層ビル群になった。そしてパリのシャンゼリゼ通りを目指した再開発が進められている。

それはそれでオシャレなカフェや店が増えて心地がいい。

だがどこかで、よりオシャレに、より洗練されていってしまう、東京の進化とはベクトルの違う異界が残ってほしい、とも思う。23区の中でも地理的に隔絶された島は、そ

いきなりいたワシ（2021年）

の最後の砦だとも思った。

佃島も、いつか異界ではなくなってしまうのではないか……。

8年前を振り返り、ふとそう思った。

が、やはり大丈夫だと、すぐ後日、思った。


「ん？」


中央大橋を渡っていると、またしても島でおなじみ、二度見せざるを得ない想定外の変なおじさんが現れた。

目を疑って、すぐ追いかけた。

「それなんですか？」

「ワシだよ、ワシ。アフリカソウゲンワシ」

この島には、ワシを飼っているおじさんが住んでいる。別の日、島のマルエツの近くで

見つめてくる、ワシ（2021 年）

はフクロウおばさんも見かけた。

「異界」の「異界」たる所以は、古さが残っていることだけではない。

むしろ全自動移動ロボット「ラクロ」が、ふつうにこの島をウロチョロしている光景も、「異界」といえば「異界」だ。トヨタが富士山麓に作ろうとしているウーブンシティも、れっきとした「異界」となるだろう。あくまで「江戸」や「昭和」の気風はまわりと同化しない一要素でしかない。その地理的、そしてそこから発生する心理的隔絶性がもたらす、周囲との歪みが、その本質なのだと思う。だとすれば、佃島が持つ島独特の「東京の異界感」は、まだまだ消えることはない。そう思った。

8年で消えた佃の風景

駄菓子屋は 2020 年、コロナを機に閉店

旭湯はファミリーマートになった

POST CARD

料金受取人払郵便

小石川局承認

9109

差出有効期間
2021 年
11 月 30 日まで
(切手不要)

112-8790
127

東京都文京区千石 4-39-17

株式会社　産業編集センター

出版部　行

★この度はご購読をありがとうございました。
お預かりした個人情報は、今後の本作りの参考にさせていただきます。
お客様の個人情報は法律で定められている場合を除き、ご本人の同意を得ず第三者に提供することはありません。また、個人情報管理の業務委託はいたしません。詳細につきましては、「個人情報問合せ窓口」(TEL：03-5395-5311〈平日 10:00 ～ 17:00〉) にお問い合わせいただくか「個人情報の取り扱いについて」(http://www.shc.co.jp/company/privacy/) をご確認ください。

※上記ご確認いただき、ご承諾いただける方は下記にご記入の上、ご送付ください。

株式会社 産業編集センター　個人情報保護管理者

氏名《ふりがな》

(男・女／　　　歳)

ご住所　〒

TEL：

E-mail：

新刊情報を DM・メールなどでご案内してもよろしいですか？	□可　□不可
ご感想を広告などに使用してもよろしいですか？	□実名で可　□匿名で可　□不可

ご購入ありがとうございました。ぜひご意見をお聞かせください。

■ お買い上げいただいた本のタイトル

ご購入日：　　　年　　月　　日　　書店名：

■ 本書をどうやってお知りになりましたか？

□ 書店で実物を見て
□ 新聞・雑誌・ウェブサイト（媒体名　　　　　　　　　　　　　　　　　　）
□ テレビ・ラジオ（番組名　　　　　　　　　　　　　　　　　　　　　　）
□ その他（　　　　　　　　　　　　　　　　　　　　　　　　　　　　　）

■ お買い求めの動機を教えてください（複数回答可）

□ タイトル　□ 著者　□ 帯　□ 装丁　□ テーマ　□ 内容　□ 広告・書評
□ その他（　　　　　　　　　　　　　　　　　　　　　　　　　　　　　）

■ 本書へのご意見・ご感想をお聞かせください

■ よくご覧になる新聞、雑誌、ウェブサイト、テレビ、
よくお聞きになるラジオなどを教えてください

■ ご興味をお持ちのテーマや人物などを教えてください

ご記入ありがとうございました。

いまはない、謎のコンビニ

佃堀の整備工事（2019）。木造の船着場が撤去された

第8章

京浜島

～『地球の歩きかた』京浜島編～

京浜島への入り口「京浜大橋」

京浜大橋を渡るバスから左側をみると、澄みわたる青空と広大な東京港。無機質な造形美が凝縮された景色が広がった。

ここは、東京23区、南の地の果てだ。

京浜島へは電車もない。モノレールもない。南部が羽田空港とトンネルで繋がっているが、こちらから旅人が入島することはまずない。というか、旅人が島に入ることが、ほぼない。

島への入り口は実質2カ所。京和橋で昭和島と、京浜大橋で大井ふ頭とつながっている。大森からバスで25分ほどかけてバスで訪れるしかない。この行きにくさが、東京23区の地の果てにやってきた、と実感させてくれる。

この島が、安易な気持ちで入島する旅人を拒絶していると思わせる理由はこの交通の便の悪さだけでない。

京浜大橋を渡りきると、「京浜島一番地」のバス停に出る。路線図を見ると、この京浜

京浜島の街並み（2013年）

島のバス停は「2番地」とか「14番地」と番地で呼ばれている。一体、そこに何があるかさっぱりわからない。この島を旅しようと思っても、地名からなんの想像もつかない。「一番地」はまさに京浜島の入り口。ここで降りることにする。

一緒にバス停を降りたおばちゃんは、食料品をいっぱい詰め込んだ大きなビニール袋を両手に携えていた。東京本土へ食料を大量に買い込みに行った帰りだろう。バス停にとめてあった自転車にのり、シャーっと過ぎ去って行った。

ここ京浜島は全島、工業地域に指定されており基本的には住めない。どこかの工場の賄い用かもしれない。あるいは、住民登録せずに済んでいるカクレ住民かもしれない。

「東京の魚」を買える島

積みあがるコンテナ群を左に見ながらまずは島の北岸を歩いてみる。京浜島3丁目にあたる地区だ。京浜島は、北岸を底辺として南の先端がとんがっている逆三角形のような形をした島。

北岸以外の2辺はそれぞれ東側がつばさ公園、西側が京浜島緑道公園となっている。つまり工場や企業が直接岸壁を利用して水辺に荷物の上げ下ろし施設を作り、水運の利をダイレクトに得ることができるのはこの北岸だけなのだ。

それゆえ、この3丁目の岸壁付近には、「大橋造船」や、「安田造船所」といった、水際ならではの業種の工場が並んでいる島っぽい一角。大きな船にビニールシートがかけられ、積み上げられている。資材置き場では作業着で若者がスケボーをしている。工業地域だが、のどかな島の時間が流れる。

そんな一角に、工場の島っぽくない建物があった。のぞき見ると、中は生け簀だらけだ。「東京都漁連　水産物流通センター」とある。

「すみませーん、ここは魚買えるんですか？」

生け簀でタモを持ち、作業していた長靴のお兄さんに聞いてみると、

「買えますよ」

「東京の魚が買えるんですか？」

「ああ、東京の魚はあっちの奥ね。うちは愛媛で養殖した魚を扱ってるの」

工場島にたくさんのイケス

この若い長靴お兄さんは、東京都漁連の施設を間借りしている別の会社の社員さんなんだそう。

奥にいた東京都漁連の職員さんに話を聞いてみると、ここは伊豆七島など、東京の島嶼部付近でとれた魚を東京へ出荷する時の経由地なのだとか。魚があまっていれば、ここで直接購入できるそうだ。

「でも今日は売り切れちゃった」

残念。

「普段は何が買えるんですか?」

「イサキ、赤イカ、トビウオ、カツオ、それに金目鯛とかかな。金目鯛は1キロ1200円くらい」

市場価格よりずいぶん安いらしい。伊豆七島の新鮮な魚を買えるなんて、さすが23区の島。電話で予約しておけば、魚をあらかじめ取り分けておいてくれるそうだ。八丈島や伊豆大島、これらの伊豆諸島には、普通の島とは違う異質の空気が漂っている。それは黒潮という地理的要因と、流刑地であったという歴史的要因からくる圧倒的孤立感だ。

島まではいけなくてもその空気をたまに味わいたくなる。家には八丈島の隣の、青ヶ島で作られた青酎を常備して飲んでいた。だが同じ東京でありながら、八丈島の空気を23区内で味わえる場所は少ない。時々八丈島料理を出す店へ出かけたり、竹芝の公園へ、暗闇の中を伊豆諸島へ出航していく東海汽船の船を、散歩がてらよく見にいった。だから思いがけず出会った、伊豆七島への扉に嬉しくなった。

だが、魚、ない。

無言で悔しがる私を見かねてか、例の長靴お兄さんが教えてくれた。

「ウチはいつでもここで買えるよ。東京のじゃないけど、シマアジ、カンパチ、タイ。愛媛産。タイは1キロ1400円〜1500円位かな。スーパーにくらべるとだいぶ安いでしょ」

たしかに安かった。そして瀬戸内海の島々も大好きだ。だが、そのありがたい申し出は、一拍考えて断った。

八丈島と瀬戸内海の島では何かがちがう。むしろリアルに行くなら瀬戸内海の島だ。カラフルなアートをたのしめる直島。わずか3人の島民が瀬戸大橋の絶景を独占する松島。住民はたまにかえってくるが普段は0人ゆえ手入れされた集落が残りながら無人島という貴重さを持った牛ヶ首島。銅の精錬所跡が美術館になった犬島。

まだまだあげればキリがない魅力的な瀬戸内海の島々を、何度も訪れた。

だが、瀬戸内海の島々と八丈島の間には、心理的吸引力という面では大きな差があるのだ。

あと、まだ島についたばかり。これからの島めぐりにずっと生魚を持ち歩くのは躊躇われたのもあった。

工場島の花畑

さっそく京浜島をぶらつくと、ふと目の前に黄色い花畑があらわれた。その通りだけ道路脇に菜の花のような花が咲き誇っているのだ。

京浜島は街路樹にハナミズキや桜が植えられており、また道路には、「つばき通り」「さくら通り」「もみじ通り」「アカシヤ通り」「さざんか通り」「くすのき通り」「さつき通り」「つつじ通り」と言った具合に、花や植物の名を冠している。おそらく、工場だらけの無機質な島ゆえに少しでも自然の雰囲気をとの切なる願いの現れなのだろう。

だが、それにしても見事な花畑だった。この黄色い花は、よく見ると菜の花とは違う気もする。じーっと見ていると、目の前の工場から作業服姿のおじさんが、カマのよう

なものを持ってやってきた。そして、草花の手入れを始めたのだ。

「すみません。この花は何なんですか？」

「ああ、これはね。チンゲンサイの花だよ」

「え？」

菜の花のように見えた黄色い花はチンゲンサイの花。チンゲンサイは好きだが、花を見たのは初めてだ。

「食べるために植えてるんですか？」

「いや、そういうわけじゃないんだけどね」

チンゲンサイは、仮に食べるなら、花が咲く前に収穫しなくてはならないのだそう。目にしたことがないはずだ。このチンゲンサイは、食用ではなくお花を咲かせるために植えたという。

で、この鎌おじさんは、だれ？

「そこの工場で働いてるの。産廃」

65歳になるというそのおじさんは、続ける。

「10年以上前に、電柱の工事とかをする会社から、今の会社に

転職してね。京浜島に来た。会社の入り口に立って、産業廃棄物を運んでくるトラックが来るとその誘導をするのが仕事。でもトラックってそんなに頻繁に来るわけじゃないから。その合間に植物を植えたり、手入れをしているんだ。チンゲンサイの他にもグラジオラスの花とかも植えてるんだよね。この島は殺風景だけど、花があると少し印象も変わるでしょう」

そう、言いながら雑草を刈り取る。4、5年前からこの植物栽培を始めたんだそう。

「ほら、こっちに芽が出てるでしょう。これはジャガイモ。他にもキュウリや、スイカ、トマト、ゴーヤとかも植えてるんだよ。んで、野菜がとれたら食堂で食べるんだ。ゴーヤはゴーヤチャンプルーにしたな」

チンゲンサイは食べるためのものじゃないら

しいが、しっかり食用の植物も植えている。だが、おじさんの表情を見ていると、やはり無機質な工場島ゆえに花や緑が余計にいとおしい、そんな感じがした。

仕事中にも関わらずつい話し込んでしまったので、立ち去ろうとすると、

「なあ、また夏においでよ。このジャガイモがなるから」

無機質なイメージのあった京浜島だったので、よけい嬉しくなった。

飛行機の隠れ観賞スポット

島の東側から南端にかけては海沿いが整備されて京浜島つばさ公園という遊歩道になっている。海には対岸の羽田空港から赤く細長い橋が突き出している。飛行機を誘導する進入灯がついている橋だ。

そして、絶え間なく数分置きに「ゴォー」という音を立てて飛行機が滑走路に降り立つ。大迫力。航空会社も劇的に増え、おなじみの青いANA、赤いJALの機体だけでなく、黒い機体や見知らぬマークを尾

翼につけたものなど、色とりどりだ。

潮がひいていて、京浜島のまわりには砂浜が顔を出している。南端の四阿にはネコが、東京本土ではなかなか見ない密度で集会を開いている。むかしはよく見たノラ猫も、都内ではめっきり見なくなって久しい。ここ京浜島は、ノラ猫にとって天国だろう。

少し前に行った、長崎県の野崎島のことを思い出した。佐世保から美しい九十九島を抜けて、3時間ほどで小値賀島という場所へたどりつく。西は東シナ海をはさんで韓国・済州島という、日本の果てだ。その小値賀島から小船にのりかえ、30分ほど東へいったところに野崎島という無人島がある。

かつては600人以上が住み、2001年に最後の住民が離島して、無人島となったその島には、港から廃墟群を抜けて視界全体に広がる緩やかな傾斜地に築かれた段々畑のその中に、美しい赤茶レンガづくりの教会がたたずんでいた。

中に入るとステンドグラスが、赤、青、黄、緑といった色とりどりの光を取り込み、誰もいない静寂な島の中で、この島の尊厳を示していた。

この島の尊厳とは、本土のルールが及ばないことだ。江戸時代、禁教令に違反し処刑される前日に、ひそかに助けられたキリシタン3人が野崎島へわたり、この地を開拓した。潜伏キリシタンだ。本土のルールは、どうしても島には厳格には及ばない。それが島の魅力だ。野崎島は廃村になったが、いまは鹿たちが自由に島を往来し、鹿の楽園となっている。かつての人里や視界いっぱいにひらけるゆるやかな段々畑を、鹿が自由に歩き回る。わたしは、この島に生まれた小鹿を撮影するために来たのだ。本土のルールが及ばないのは鹿にとっても同じだ。

そんな日本の果てではなく、この東京23区の果てである京浜島の中でも、その本質はまったく一緒だ。

京浜島のネコたちは、完全に自由だ。

チンゲンサイおじさんも、そうだ。

この島には、東京の平日とは思えない穏やかさで、非日常的な時が流れている。

京浜島の穴場

　京浜つばさ島公園を西南に歩いていくと、逆三角形の島の左側に出る。島の入り口で見た地図によれば、この西側も京浜島緑道公園という遊歩道になっているはずなのだが、それは完全に詐欺と言ってもよかった。

　とても公園とは思えない。海に面した、草、モサモサの道。公園という言葉の響きからは想像できないポテンシャルを、その緑道は秘めていた。目の前は、正確には海ではなく運河だ。だが対岸の東京本土・大森は、かなり離れていて、視界が一気にひらける。そして、その緑道への産業道路側からのストロークは、完全に島だ。巨大倉庫と巨大倉庫の間に小さ

倉庫街から、海へ抜ける道

木のトンネルを抜けると、一気に視界が開ける

人の気配が、とにかくない

く細いトンネルのような道がある。その細い路地を抜けると目の前に海が開ける。THE離島。離島のテンプレの楽しみ方の1つは、

「狭い路地をあえての迷子」→「そのうちガチで迷子」→「思わず海に出る」だ。

例えば、江ノ島で弁天橋を渡り終えた入り口から江島神社入り口の大鳥居までのびる一番の目抜き通りを歩く。ふと旅館・岩本楼の手前で西側の路地へあえて「迷い込む」と、小さな小さなビーチに出る。一気に視界が広がる不意打ちのビーチ、そして真っ赤な夕日。参道に沿っての登山も楽しいけれど、やはり迷子というレバレッジを効かせれば効かせるだけ、意外なものを見つけた時の楽しみが大きくなる。

この江ノ島のビーチも、京浜島の緑道も、共通しているのは、喧騒のすぐ脇にある静寂。そして、それを担保している見つけにくさだ。

いや、前者はあとからよくよく調べれば、絶景の夕日を見る穴場として、知る人ぞ知る場所だった。

だが、ここ京浜島緑道公園は違う。だれも知らない。来ない。来ようとも思わない。東京の果てにこんなに静かに海を独占できる場所があると、だれが想像するだろうか。

倉庫街IN京浜島

海辺の散策を終え、島の内部を散策することにした。この緑道付近は京浜島1丁目と呼ばれる地区。古い町工場が多い2丁目とは異なり、比較的新しい、大手企業の大型倉庫が軒を連ねている。ヤマトやリコー、大塚商会など知っている会社名もチラホラある。そんな巨大な倉庫街を歩いていると、ふと足が止まった。

「オフィス家具　アウトレット&リサイクル
営業時間10：00〜17：00」

どうやら、倉庫が中古のオフィス家具のショールームもかねているらしい。倉庫がたくさん建ち並ぶこのエリアでも入れる倉庫というのは稀だ。とりあえず、観光することにする。

人の気配が全くない。オフィス家具が5mほど、天井まで積み上げられている。どうやら一階はガチの倉庫。ショールームは2階らしい。

エレベーターで2階へあがると、あらわれたのは、「家具の海」だ。見渡す限り一面にオフィス家具が広がっている。オフィスチェアにデスク、間仕切りに、ロッカー、ホワイトボード。イスだけで、数百、いやひょっとしたら千はあるだろうか。さらには雑誌棚や新聞を陳列するラックにコートかけ。そして受付嬢が座る半円形のブース、社員のネームプレートを貼って各々がいまどこにいるかを書き込むあのホワイトボードまで。ありとあらゆる中古オフィス家具がこの23区の果ての島に集結している。

しかし、人っ子一人いない。

「すみませーん」。

事務所の方へ向かって声をかけてみると、

「はいはい〜」

従業員さんらしい方が応対してくれた。

「ここは中古の家具を扱ってるんですか?」

「そうですよ。かなり、安いですよ」

と倉庫の主任だという人物が教えてくれた。

ついている値札を見てみると、定価70770円のイトーキのミーティングチェアはなんと8400円。ちょっとグレードアップして同じくイトーキの肘付きのレビーノチェアハイバックは定価120750円のところ、15750円。8割引きから9割引きが当たり前。コートハンガーもわずか4200円だ。

いつも部屋に雑誌が散らかっているので雑誌ラックが欲しくなった。冷静に考えれば絶対にいらないのに。

人が来た時に見られたくないものがたくさんありすぎるから、オフィス用の鍵付きロッカーも欲しくなった。絶対にいらないのに。

オカムラのダイヤル式6人用メールロッカーは25200円だ。理由はないけど、とにかく欲しくなった。絶対にいらないのに。

「あれ？　部屋にワンポイントオフィス家具を置くと、なんかかっこよさそうでは？」

すでに、そう思い始めていた。絶対にいらないのに。島という非日常と、9割引があたりまえという異様なお得感が、明らかに自らの需要曲線に異変をもたらしていた。

「あ、でもそれマスターキーないからダイヤルの暗唱番号絶対忘れないでね。中身取り出せなくなっちゃうから。中古だと、マスターキーとか結構ないんだよね」

「え？」

それは、無理……。主任の言葉で目が覚めた。主任、ありがとう。会社のPCのパスワードすらしょっちゅう忘れるダメな自分にはちょっと、ムリだ。

でも、黒でフカフカ、肘付きの社長が座りそうなイスを見つけた。オフィスだと少し恥ずかしいだろうが、家ならこんなイスに座って仕事をしたとて文句は言われまい。

「この黒いイスはいくらですか。」

「ああ、これはね。安いよ。8000円くらい。」

なんと、さきほどの肘無しの普通のよく見かけるイスより安い。

その理由は、この製品が中国製だからだそうだ。生地も合成繊維。

「せっかくだし……」

未練がまたすこし、タラタラし始めたそのとき、

「あ、これ成約済みだ」

「……」

ありがとう、主任さん。

「でも、なんでこの京浜島に倉庫が？」

「ウチはあっちの2丁目で産廃の処理もやっててね。それで近くのこの京浜島に倉庫を借りようってなったの。ネットでも販売してるんだけど、やっぱり中には、製品を見て買いたいって人もいてね。それでショールームがあるんだよ」

業者じゃなく一般の人でも見学や購入はウェルカムだそうだ。主任は丁寧に製品についていろいろ説明してくれた。

京浜島は、企業の入れ替わりが激しく町工場が撤退し、次第に産廃業者が増えてきているのだそうだ。そうして入ってきた産廃業者がまた自社で展開する新たな業種の産業を呼び込む。こうして島はすこしずつ変わってきている。

作られた町工場村

さて、このように進化し続ける京浜島で、もっとも古くからある、京浜島の原風景とも言うべき地区が京浜島2丁目。島の中心部にあたる地区だ。

この地区にはさまざまな楽しみ方がある。まずこの地区を歩くと森永、畠山鐵工所、森田鋳工株式会社、佐々木半田工業など見た目がレトロな町工場がたくさんある。工場によっては道から作業風景をのぞき見ることもできる。火花が激しく散っている作業もあり迫力がある。

さらに、東京本土では珍しい、長屋のようにいくつかの工場が1つに繋がった工場長屋のようなものも見られる。三和打抜興行と協和工業、そしてもう一つは会社名が白く塗りつぶされている。おそらく3工場で1つの工場長屋だったのだろうが、一社はいなくなってしまったのだろう。

工業部品を鑑賞するにも、もってこいだ。○や□の型を大量に繰り抜いた木板、金属製の大量の円盤、トゲトゲした針みたいなものがいっぱいついたハンガーなど、不思議なものがたくさん転がっている。特殊な車両もあちらこちらで目にすることができる。子どもがいれば、大喜びするだろう。

そんな工場群に、ちょっと変わった名前の建物があった。「羽田マシンセンター」。

「なんじゃこりは？」

不思議なものを見つけては「なんじゃこりは？」とつぶやき、どこへでも入っていき、調査する。そんな仕事を、かつて2年間やりつづけていた。「くもじい」という雲のキャラが登場する、『空から日本を見てみよう』という番組のディレクターだ。

くもじいは、空から日本を見てみては、不思議なところにズカズカ入っていく。そのときわかったことがある。日本にはまだまだ、観光地化されていない面白い場所がたくさんある。

そして、それをみつけるコツは、気になるものみつけたら、ためらうことなく、「なんじゃこりは？」と入っていくことだ。

幸いトビラには「ご自由にご覧下さい」「中古工作機械展示場」とある。

「すみません、ちょっと見てみたいんですけど、良いですか？」

「どうぞ、どうぞ」

工作機械などとは全く縁の無い人生を送ってきたし、今後買うことも無いだろうけれど、せっかくなので入ってみる。

中には、歯がついた大きな円形の機械や、巨大ドリルのような機械がゴロゴロ。「旋盤」「ラジアルボール盤」「フライス盤」。たぶん、一生知らなくても良い固有名詞が脳みそに次々入ってくる。

かなりレトロな機械もあって、まるで博物館のようだ。だが、機械にはよくみると値札がついている。「フライス盤」とは、金属や木材をいろんな形に手動で加工できる機械らしく、お値段は18万円。たぶん、安いのだろう。

せっかく町工場の島に来ても普通に一般人が入れる工場は無い。外からのぞき見するだけだ。工作機械のサビた鉄の臭いと、油の臭い。五感で町工場の雰囲気を存分に味わい外へ出た。

この「中古神崎機械展示場」とさっきの「オフィス家具アウトレット」は、『地球の歩き方　京浜島』を作るなら、間違いなく見開き確定の、メジャー観光地だろう。前者が「新市街エリア」の目玉観光地、後者が「旧市街エリア」の目玉観

光地として、それぞれの章の1ページ目だ。

『地球の歩き方』。そう思って、島を歩けば、確かにここは完全に「外国だ」。この街の景色をよく見ると、読めない、あるいは意味の分からない単語が書かれた看板だらけではないか。

「絞」、「鍍金」、「打抜」、「車框」。

どれも読めないし、聞いたこともない言葉ばかりだ。だが、この島では当たり前のようにフリガナもなく看板に掲げられている。

「言語」が通じない。町工場群やオフィス家具アウトレットなど本土では味わうことのなかった「カルチャー」がある。猫に対するルールも日本の「ルール」が及んでない。

これは完全に外国だ。すぐ対岸の羽田に見えている飛行機になど乗らずとも、京浜島は海外ではないか。

いちいちググらなければ意味がわからない。

「絞」は「しぼり」と読み、ヘラを使って金属を加工する作業なのだそう。パラボラアンテナから神社の鈴までいろいろな金属製品がこの技術によって作られる。「鍍金」は「メッキ」と読む。読み方がわかれば意味はその通り。金属の表面加工のことだ。「打抜」は金属板に型を当て、その型どおりに抜くこと。「車框」はググってもよくわからなかった。この島の町工場が作り出した造語かもしれない。「框」は「かまち」と読み、戸や障子の枠のことをいう。

そして町を歩くと気づくのだが、この島では、鋳物は鋳物、プレスはプレスというように似た業種の工場が地理的にかたまっている。「鋳物村」「プレス村」のように。

まるでニューヨークのクイーンズだ。かつてクイーンズを自転車で走った時おどろいた。あそこはユダヤ人、ここはカリブ系移民、むこうはヒスパニック、そしてアジア人という具合に、1ブロック行くごとに住む人種が変わるのだ。

そしてクイーンズで、黒づくめの服装とモサモサに蓄えたヒゲゆえ、一目でわかるユダヤ人集落が、その個性的な生活様式ゆえに、結束が強そうに見えたのと同じように、ここ京浜島では「鍍金村」の結束はずいぶん強いようにみえた。北大通沿いの一地方にしっかりまとまっている。

なぜだろう。よく観察しながら歩いてみると、その中央に恐らくその謎を解く施設があった。

「共同処理センター」。

メッキは表面加工時に出る排水を特殊処理して処分する必要がある。メッキ工場に絶対に必要な、支柱的施設なのだ。だから他の業種より結束が強く一カ所に集中しているのだろう。

まるでユダヤ人が、その精神的支柱である、シナゴーグを中心としてコミュニティーを築いていくように。

そしてこうした「○○村」には、しっかりコミュニティー名がついている。「鍍金村」は「中央鍍金工業協同組合」。海岸の公園大通り沿いにある「鋳物村」は「城南鋳物団地協同組合」だ。この他にも、「東京鉄鋼工業協同組合」「東京都城南金属プレス工業組合」「京浜島鍛造協同組合」など、業種ごとの名前が冠された協同組合。

京浜島の旧市街をあるいていると、同じ業種が固まっている1ブロックの一角にこの組合の事務所が必ずある不思議な島なのだ。

じつはこの「村」、すなわち「協同組合」こそがこの京浜島開発の秘密を解く鍵だった。

京浜島の歴史

ここ京浜島は東京23区の島の中でもっとも大きくて、あまりに多くの工場があるため、みどころも絞りきれない。そして何より、ここは外国なのだ。なので、海外を旅する時に発動する行動規範に立ち返ることにした。海外の訳のわからない町を旅する時、わたしはまず地図を買うことにしていた。なので、ここ京浜島でも島の工場を網羅した地図を探すことにした。

元は交番だった地域安全センターで聞いてみると、「東京都京浜島工業団地共同組合連合会」というところが地図を出していると教えてくれた。

連合会があるのは、金融機関や郵便局、食堂や、野球グラウンドなどが集まる、まさに島の中心地。その一角にある京浜島会館と呼ばれるビルの3階に連合会の事務所はあった。不気味なほど薄暗く静かな階段をのぼってトビラを開けてみると、職員さんが一斉にこちらを見る。女性2人と、男性1人。

「あの〜、すみません。京浜島の地図が欲しいんですけど……」

一瞬間があって、

「……ああ、はい。売ってますけど」

普段、観光客が訪ねてくる様なところではないのだろう。少々驚きながらも、奥の部屋から地図を持ってきてくれた。カラーで色分けされ、工場の名前が全て入った非常に詳細な地図だ。

「400円になります」

カラー版と、白黒版の2つを求めて帰ろうとすると
「京浜島に何しにきたの？」

と男の職員がたずねてきた。特段理由があるわけでもないので、答えに窮していると、

「島の歴史、聞きたい？」

連合会の事務局長さん。京浜島へ来て20年ほどだそうだ。

「元々は商工中金とかの店内で流れる映像をつくる会社にいてね。でもバブルがはじけて会社の経営状況が悪くなって。その時、この連合会の事務員の求人があって」

それが、島に来たきっかけだそうだ。

「この島もずいぶん変わっちゃった。あ、そうだこれもあげるよ」

『京浜島工業団地の土地利用動向と今後の整備方策に関する研究』なる、東京工業大学大学院・社会工学専攻の内野創さんという方の、ガチめな修士論文をくれた。島にきて、

よく知らない人の修士論文を読むハメになるとは思わなかったが、事務局長の話を聞きながらパラパラ読むと、京浜島の歴史が、ミクロ・マクロな視点双方から、かなりわかった。

　京浜島やとなりの勝島が作られたきっかけは関東大震災。それ以前からも、東京の経済界からは、横浜ばかりが港として成長していくので東京港の港湾機能を強化する、または工業用地を造成するため埋立地を建設するという提案はあったものの具体的には進まなかった。

　しかし、関東大震災で援助物資を積んだ大型船が東京港に進入した際、大きな危険を伴ったことから、内務省は昭和2年「京浜運河の改作と埋立地造成計画」を策定。つまり、現在の京浜運河と、その周辺の東京の島々を作ることとなったのだ。だが勝島の一部以外の工事は第二次世界大戦の影響で中断してしまった。

　その後、当初の目的は失われたものの、東京府には依然として埋め立ての権利が残っていたため、昭和30年代にこの地区の埋め立て島の建設が始まった。その1つが、この京浜島なのである。

突然もらったガチの修士論文

「当初は目的が固まるより、先に埋め立てが始まった。羽田に近いので空港用のバスターミナルになんていう話もあったらしい」

時は高度経済成長時代。イケイケドンドン、東京も土地不足。とりあえず、埋め立ててから考えようという発想だ。しかしそんなあいまいだった京浜島の利用法が明確に決まる大きな出来事があったのだそうだ。

「美濃部さんって知ってる？　都知事の。あの人の影響で今の京浜島ができあがったんだ」

昭和42年から昭和54年まで都知事をつとめた革新系都知事の美濃部亮吉は公害対策を重視した。当時は高度経済成長で工業生産がどんどんさかんになる一方、全国で工場の排出物質などによる公害が問題になりはじめていた時期でもあった。そこで都の公害防止条例を改正。工場の騒音や排出物に厳しい規制がかけられるようになったのだ。

すると、困ったのは東京の下町にあった町工場。町工場が密集し、職・住が一体化していた大田区・品川区などでは、このころ騒音や振動が社会問題化し、町工場を、ちょうど埋め立てている京浜島など、東京の島々に集団移転させようということになったのだそう。彼らが今日の工場島としての京浜島を作ってきた人たちだったのだ。

たしかに、島の中を歩いていると、「城南光村」というように、かすかに故郷の土地の名を感じさせる会社名がある。

移転は、公害対策の意味合いもあり、
・騒音や振動が比較的大きい業種（鍛造・板金など）
・廃液や臭気、粉塵を排出する業種（鍍金や鋳物）

などから優先的に選ばれたんだそう。

イヤイヤ移転させられたのかと思えばそうでもないようで、最終的に移転できた企業が209社であったのに対し、応募した企業は750社。平均すると元々の土地の1・5倍の広さで、坪単価もわずか8万円程と安かったようだ。

そして、何より島全体が工場地域であり、さらに本土と隔絶されているため、騒音や振動の苦情に悩まされることなく自由に操業できるというのが、企業にとっては何よりの魅力だったのだ。住んでいる人がいないのだから、大きな音を出しながら24時間操業してもかまわないのだ。

「当時はね、工場の休憩室に畳の部屋さえ作れなかったって聞きましたよ。人が住めないように。商店を出すのさえ特別な許可がいるんだ。島で働く人の利便性に供する、って条件が必要なんだ。だから、島には食堂とかが少ないんだよ」

確かに、勤労者厚生会館の中にある食堂「たんぽぽ」の他には、「京浜ショッピング」という売店が運営する大衆食堂が一軒あるのみだ。

ここ京浜島は、街中で苦情対策に悩まされた町工場にとってのパラダイスだっただろう。

島にある売店兼食堂と、そこのカレー

しかし、とはいえ町工場は中小企業。すでに公害対策費用で疲弊していたのに、さらに多額の移転費用を自力で賄うことは困難だった。

そこで、行政が移転の際に中小企業に作らせたもの。それが先ほどの業種ごとの村のようなもの、「組合」なのだそうだ。業種ごとに「組合」を作り、移転費用などの融資は「組合」へ行う。リスクヘッジだ。移転してうまくいかない会社が出るかもしれない。そんな中小企業に金融機関がホイホイとお金を貸すこともできないから、10～30社位で組合を作ってもらい、そこにお金を貸すことにした。そうすることで、運悪くつぶれてしまった会社が出てきても連帯保証のように、同じ組合に加盟する企業でその負債は負担して下さいね、というシステム。

また、同業種同士ならば、たとえば鍍金組合の「共同処理センター」のようにたくさんの企業で共同使用する施設を作る際にもメリットがある。そうした集積効果や相互扶助も、この京浜島の組合制度の目的なのだそう。

町工場が業種ごとに密集している理由、そして区画・業種ごとの組合の事務所が存在感を発揮している理由が、なるほど腑に落ちた

しかし、集団移転が行われた当時は１００％製造業だったこの京浜島も、現在は3分の１ほどが非製造業に。

「特にこの10年くらいは加速して入れ替わりが激しい。景気が悪いから」

中村さんは、淡々とそう語る。

「製造業に変わって入ってきた業種で多いのは、１つは運送や倉庫などの流通業。もう１つはリサイクル業。ようは産廃だね」

たしかに、さきほどのオフィス家具展示場の母体も、チンゲンサイおじさんの勤務先も、産廃業者さんだった。

「貴重なお話、ありがとうございます」

お世辞でなくガチで貴重なお話だったので、思わず便箋に内容を書きなぐりながら聞いていたら、すでに夕方になっていた。

事務所をあとにしてあらためて、2丁目の町を見渡すと、たしかに連合会があるビルのすぐ近くにも中国人の似顔絵に「你好！　謝謝！」と書かれた大きな倉庫。スープの素「味覇」の物流センターだそうだ。他にも、KEY COFFEE、デンソー、東芝キャリアの物流センター。ＭＫタクシーと書かれた新しい看板の下地にはかすかに「日本エッチングクラス」の文字。ここも恐らくもとはガラス工場だったのだろう。

京浜島はどんどん変わっていったのだ。

また、変わっているのは工場だけではない。働く人々も変化している。道やバスには外国人もチ

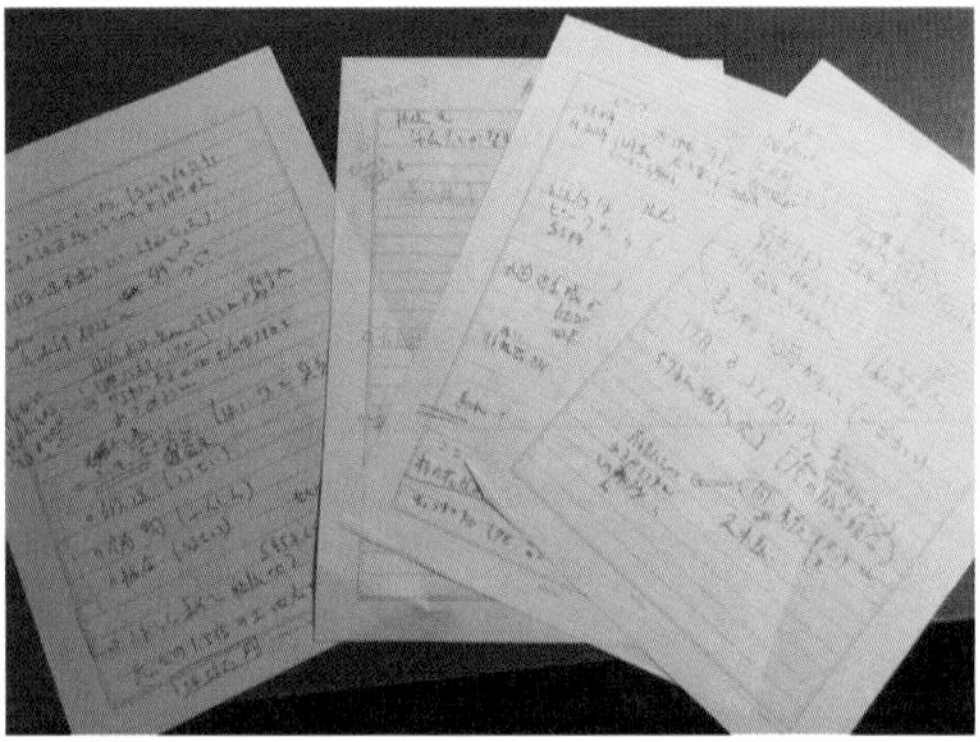

書きなぐった、お話の一部

ラホラ。

「どこからきたんですか？」

「ナイジェリアだよー」

「何のお仕事を？」

「ファイアーワーク」

　鍛造や鋳物、鍍金などはそもそも振動や騒音、臭気や粉塵などで労働環境が厳しい。立地場所だけでなく。働く人々も変化している。

　ルールもことばも本土人とは違う。それだけでなく働く島民まで。京浜島は、本当に外国になってしまうのかもしれない。


「酒」「酒のつまみ」「軍手」が充実する島の売店

第9章 勝島 ～まつろわぬ境界島～

本土から勝島へ向かうモノレール

勝負師にとって究極に縁起のいい、その名の意外な由来とは？

「いつもさ〜、会社の先輩が話してたから、行ってみたいとは思ってたんだよね〜」

「でも、屋外だから冬は寒そうじゃない？　やり方全然解らないし……」

京浜東北線の大井町駅からのったバスの中で、3人の若い女性が、楽しそうに話している。

「簡単だよ。タンショウっていうのはね、1着の1頭だけあてれば良くて、レンタンっていうのが、1着と2着をあてるんだ〜」

他の客は、私の他に男が数人。みな、一様に新聞に目を落としている。

勝島の倉庫街

このバスの目的地は大井競馬場だ。競馬の開催日には、大井町駅から無料で送迎バスが出ている。バスはノンストップで第一京浜を走り抜け、大井競馬場へと向かう。

到着したのは、東京23区の島の1つ勝島。大井競馬場は、京浜運河と勝島運河、そして勝島南運河に囲まれた、れっきとした島にあるのだ。

勝島は、昭和14年に建設工事が着工され、昭和17年に一部が完成した。品川区や大田区の海に作られた人工島の中では、いちばん古く、唯一戦前にできた島である。だから別名は「京浜第1区埋立地」。

平和島、京浜島、城南島、昭和島などで構成される「城南列島」第一号なのだ。

大井競馬場のある島の名が、「勝つ」とはいかにも縁起がいいが、「競馬に勝つ」ことを祈願して作られたわけではない。

勝島ができた昭和17年と言えば日本は戦争の真っ最中。当時の海軍省が「戦争に勝つ」という願いをこめて、この島を「勝島」と名付けた。ちなみに、23区の島は歴史的な由来や、作られた時期が島名になることが多いが、「願い」を込めてつけられた島名がもう1つ。それが、おとなり「平和島」だ。「勝つ」と「平和」。その境界はどこにあるのか。敗戦だ。終戦後に完成したとなりの島は、平和になるようにとの祈りをこめて「平和島」。戦前なら「勝島」。

わずか100メートルほどの勝島南運河という地理的境界以上に、戦前と戦後という大きな境界がそこにはあるが、それにしても素早い手のひらの返しようだ。そのあざやかすぎる手のひらの返しようが、何か根本的な問題から目を逸らしているようにも感じつつ、だからといって、いますぐ何か不利益があるわけでもないので、とりあえず、ま、いっか。

勝島は現在、東部が八潮橋や勝島橋で大井ふ頭と、北部が鮫洲橋で鮫洲と、西部が新浜川橋で南大井と、南部が勝平橋で平和島とつながっている。

敷地の大半を大井競馬場が占めているものの、島北東部は、巨大な四角い箱や、水筒のような形の巨大な円柱など、積み木箱をひっくり返したかのようだ。日通や佐川急便など、ロジスティック大手の倉庫が建ち並んでいる。

さらに島北西部には住宅地があり、南西部には、「しながわ区民公園」が広がっている。大井競馬場前までちゃっかり無料バスで送ってもらいながら、競馬場を背にして、せっ

かくだから勝島を歩いてみることにした。

勝島に住む人々

大井競馬場を背に右へ、海岸通り沿いに北上してゆく。名前からは湘南の国道135号線や、カリフォルニアのハイウェイ1号線のような、美しい海辺を走る道をイメージさせるが、実際は高速道路に覆われ、空があまり見えない。羽田や工場地帯が近いこともあり、交通量は多く、特にトラックなど大型車両が多い。以前、大井競馬場からスーパーオトメという馬が脱走し、高速道路へ逃げ込んだことがあったが、そのルートがこの道だ。実際に訪れると保護されたスーパーオトメが無事だったのが奇跡に思える。

しばらく歩くと、海岸通り沿いに、比較的建築年数も新しそうなマンションが現れる。10階建てくらいで、西側が高速道路を挟んで運河に面している。

東京23区の島に住む、というのはデメリットとメリットがある。デメリットは、何と言ってもまわりに圧倒的に店が少ない。コンビニや夜おそくまで空いている飲食店が少ない。

だが、勝島の場合、幸いこのマンションから歩いて数分の所に、スリーエフとローソ

ンがある。さらに島内にはウィラ大井というショッピングモールがあり、その建物の2階にスーパー、一階にはホームセンターのホーマックが入っている。2階スーパーの隣には、すき家、瀬戸うどん、はま寿司のゼンショー3兄弟。さらに1000円のヘアカットサロンに加え、なんと60分2980円という格安のマッサージまで。勝島なら店がなくて困ることもなく、かなりお得な島ライフをおくれそうだ。

さてデメリットのもう1つは、交通の便が悪いこと。東京23区の島に住む場合、「できればJR沿線で」という夢は、即座に断念すべきだ。JRまで徒歩15分なら良い方。下手し

運河沿いにのプチ南国感

たら徒歩30分もありえる。

　城南列島ではモノレールの駅が近くにあることもあるが、モノレールでさえ徒歩20分という島もある。多くの場合、交通手段の中心となるのはバスである。

　だが勝島の場合モノレールが島内にあるだけでなく、バスの充実度もハンパない。大井競馬場前から出る大井町駅や大森駅行きの京急バスの他に、海岸通り沿いには都バスの停留所もあり、「勝島一丁目」からは、品川や高輪、白金、目黒まで1本で行ける。本数も意外と多く、ラッシュ時には1時間に9本と、7分に1本程度。昼の少ない時間帯でも6本程出ており、10分に1本程度はバスが利用できるのだ。よくよく考えればこれなら電車と大差ない利便性。バスをうまく使いこなせれば、島ライフはかなり快適なものになるだろう。

　海岸通りの一列後ろ側の細い路地に入って行くと、東京23区の島では珍しい一軒家地帯が一列、

勝島の一軒家ゾーン。「城南列島」では珍しい

ほんのわずかだけ存在している。そのすぐ向かいは鉄条網で区切られており、ものものしい団地風の建物がある。サイレンの付いた特殊車両など、いかつい車がチラホラ。警備する警察もウロウロ。警視庁第六機動隊という、羽田空港の警備をする機動隊の住居兼訓練所だそうだ。

東京の島はどうしても本土から遠いため、治安も心配になるが、かなり心強い気がする。

さて、ここまではデメリットを色々とあげつらったが、では島に暮らすメリットとはなんだろう。

勝島運河をあるきながら考える。1つは、眺望の良さだ。目の前が運河や海であることも多いことから、低層でも見晴らしの良い住処が見つけられることが多い。勝島と本土にはさまれた運河沿いは遊歩道になっている。運河の対岸は立会川駅周辺だが、低層の建築が多い。

さらにその先には品川の高層ビル群が見え、はるか彼方には先っぽだけだが東京タワーまで見える。マンションからは東京が一望できるはずだ。対岸から子どもたちが水辺で遊ぶ声がかすかに聞こえてくる。

一方こちら側では、ユリカモメもネコも、まったりしている。それは、そこにすむ人がまったりしているからだ。港町の風情は、ここ勝島にも息づいている。

あきらかに勝島運河は、東京本土との境界だ。島では、聴覚、視覚にうったえてくるもの、すべてが非現実的だと思える瞬間がある。

勝島運河の南端、新浜川橋付近の先にはしながわ水族館のあるしながわ区民公園がある。地図を注意深く見ると、このしながわ区民公園、非常に細長い。もともと運河だった場所を埋め立てたからだ。

公園の中を少しぶらついてみる。すると少女が三日月の上でドロップキックをしているかのような不思議な像があった。少女のまわりには鳥が群がっている。

「なに、これ？」

周囲でピクニックをしているママ友グループに若干不審な目でみられながらも、ジロジロ像のまわりをみてみると、土にまみれて由来を書いた石盤があった。

石碑の説明によれば、ドロップキックをしていると思った女は水着姿らしい。そして水着の女にまとわりつく鳥は鴎。その下にある三日月みたいなものは船らしい。

タイトルは「海」。品川区民憲章制定記念として昭和60年に作られたのだそう。石碑に

ドロップキックに見えた「海」

は

「昭和初年に埋めたてられる以前、この辺り一帯は、鴎たちの飛翔する海であった。その往事を偲び、郷土への愛着を籠めて、この区民公園のモニュメントに『海』をテーマとした所以である」

とある。

そしてその少し奥には、みずたまりに小島が浮かんでいる様なこれまた不思議なモニュメントがある。こちらのタイトルは「クジラの噴水」。

寛政10年（1798年）、このあたりに大きなクジラが迷い込んできたそうだ。それをモチーフにして作られた噴水らしい。これまたずいぶん昔のことを記念して作ったものだ。クジラを漁師が小舟でとらえる様子と親クジラ

「子を守る親クジラ」を表す噴水

が子クジラを守る姿を表現している……らしい。

そのクジラの骨は東品川の利田神社の境内に埋められている、と説明書きに書かれている。たしかに、以前天王洲アイルに住んでいた時、旧東海道の近くにある運河が行き止まりになっている船溜まりに、鯨塚があったのを思い出した。こんなにあちこちに、史跡やモニュメントが残るなんて、品川区史においてこのクジラはよっぽどインパクトを与えたのだろう。

噴水が出始まるのをしばらく待っていたが、中々始まらないのであきらめることにした。

せっかく運河を埋めたてた公園にきたのだから、公園の管理棟で窓口のおばちゃんに聞いてみた。

「すみません、この公園に運河の痕跡とかはないですかね」

「う〜ん、そういうのは所長じゃないとわかんないな。しょちょ〜！」

奥から出てきた「所長さん」は、品川区からこの公園の管理の委託を受けている民間企業の方だそうだ。

「運河の痕跡、一カ所だけあるよ。案内してあげるよ。ちょっと遠いけど」

なんと、運河の痕跡がまだ残っているところがあるらしい。所長さん自ら案内してくれるという。道すがら、先ほどの噴水の前を通った。

「この噴水は、いつ水出るんですか？」

「ああ、あれは動かないよ。2年前に地震があったでしょ。あのあと、災害の時使えるように、この公園の地下に貯水槽を作ってるんだ。その工事の影響で噴水は止めてるの。向こう3年くらいは動かせない」

東日本大震災の影響が、こんなところにも及んでいたとは。でも、せっかく噴水のモニュメントとして作ったのに、その姿が見られないなんてもったいない。江戸時代の捕鯨をモチーフにした噴水、ぜひ見てみたかった。

しかし、

「3年たって工事が終わった後も噴水を動かすかどうかは未定。わかんないんだ」

もう1つの疑問。水着の少女にカモメがまとわりつく「海」なる像についても、説明書きのところに作者がなかったので聞いてみると、

「なんか作者が解らなくなっちゃってるらしいんだ。沖縄の方の大学の教授と、その方が集めた仲間が作ったらしいんだけど……」

その銅像が作られたという昭和60年は、もはや「歴史」の領域なのかもしれない。市井の歴史はその中で、だんだん解らないことが多くなり、やがて失われてゆくのだろう。とくに東京23区の島々の中でも人工島が多い城南列島は、人口も少なく歴史が浅いばかりに、体系的にまとめられた記述も少なく、散逸して埋もれてしまう歴史も多いだろう。そうした歴史のかけらを拾い集めるのも、「23区の島散歩」の楽しみの1つだ。

公園内にある鈴ヶ森トンネルを抜けると、運河の痕跡があるという場所についた。公園の鈴ヶ森口という出入り口。

「ここ、ここ。ここに、石垣みたいのがあるでしょう。これが、運河があった時の岸壁だよ」

公園の出入り口の脇に、公園と私有地である住宅の境界をしめす柵があり、その下に確かに古めかしい石の壁が20メートル程続いている。記念碑もなく、公園の木々に隠れ

てしまっていてこれが数十年前まで、運河の岸壁だったとはまず気づかない。

「私的な土地との境界の方がこういうのは残っているものなんだね。公的な場所との境目はやっぱりちゃんと工事して壊しちゃうから」

「なるほど、そういうものなんですね」

随分と私有地側の建物に近いところに、この旧岸壁は位置している。だいぶ運河と生活スペースが近かったのだろう。見晴らしの良い、抜けた景色だったに違いない。

江戸時代から語り継がれる歴史、昭和60年のことなのに消え去ってしまった歴史、残ってはいるけど忘れ去られようとしている歴史。その境界はどこにあるのだろうか。

競馬場で「勝つ島」

島をゆっくり歩いているうちに、次第に日も傾いてきた。もう四月上旬。だいぶ日がのびてくるこの季節から大井競馬場で始まるのが、夜

かつての海と陸の境界

公園と私有地の境界

間のレース「トゥインクルレース」だ。

入場料は100円。100円で、何時間もブラブラできると思えば、コスパのいい散歩場所だ。

大井競馬場の中にはいくつものレストランがある。オシャレなレストランや今風のラーメン屋もある。けれど、昭和の大衆食堂のような店も多く残っていた。

牛すじ煮込みやもつ串を肴に、近くにある世界中のビールを売る店でヒューガルテンホワイトやギネスを買って飲むこともできる。100円で入れる、スポーツショーつきオクトーバーフェストだと思えば、めちゃくちゃコスパがいい。

そんな屋台の脇に、20ほどの、まったく同じ形をした売店のような施設が並んでい

運河に面する　大井競馬場

た。そして、どの屋台にも屋号のようなものが書いてあるのだ。

ザ・トップ、半ちゃん倶楽部、夢追人、レコード社、牛若丸、チャンプ、ビッグバン、ラッキー社、宝来社、田倉の予想、まつり、グットニュース、ホースメンクラブ、大多喜社、マーサ、狙い撃ち、島の予想、ゲートイン etc

縁起の良さそうな名前が多い。

レースの予想屋さんだ。

それはまさに、昭和の光景だった。かつて実家のあった錦糸町駅前の中央競馬の場外馬券売り場付近には、土日になると多くの予想屋さんがお店を出していた。だが、平成に入るとしだいに姿を消していった。中央競馬では、本当は予想屋さんは禁止しているらしい。昭和から平成になるにつれ、許容という行為の境界はあきらかに変化していった。

しかし、地方競馬では予想屋の存在が合法的にみとめられているのだそうだ。平成と昭和のように、中央競馬と地方競馬の間にも、許容の境界が存在する。

何とはなしに、昭和の盛り場の名残のようなレトロさを感じ、ひやかしながらいくつかの店を歩いてみる。人だかりができている人気の予想屋もいれば、1人も客がおらず

寂しそうに遠くを見つめている予想屋もいる。

まったくの素人なのでずいぶんと人だかりができているお店で足を止めて、話に耳を傾けてみた。

「いい、去年の大晦日だよ。明日が正月ってとき。14万円が的中したんだよ」

隣の客がボソリと
「なんだ過去の話か……」

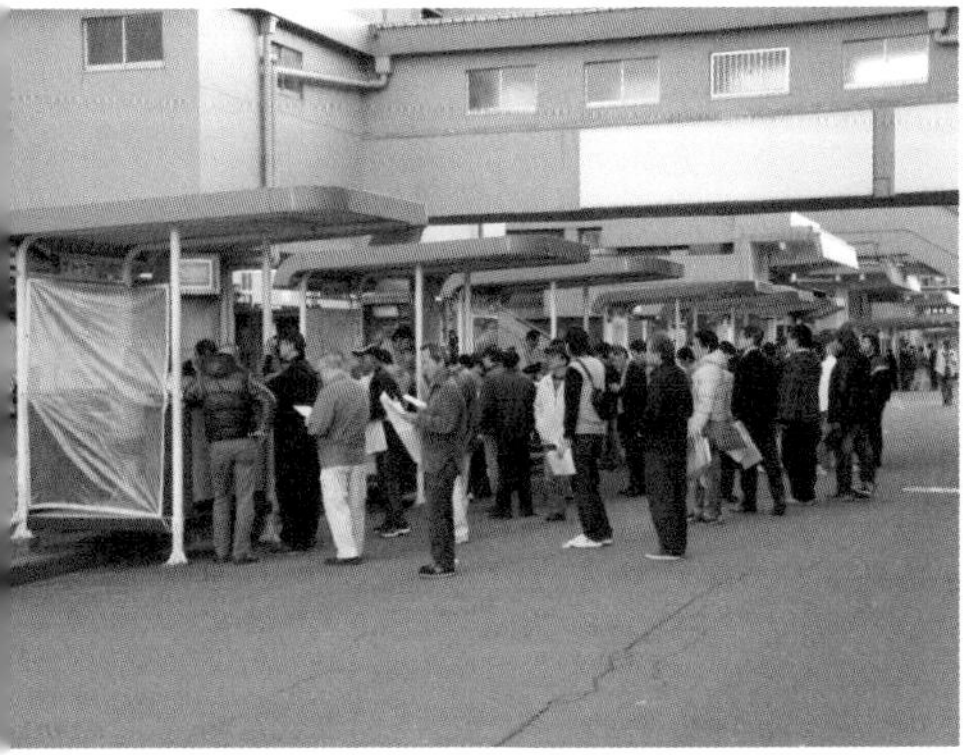

とつぶやいて1人去って行った。
ここで帰った客は、あとから考えれば、なかなかの決断力だった。その先を聞けば、かなりの確率で魔法にかかってしまう。
「皆さんね、競馬ってのには大きくあたる入れ食いみたいな日がある。それがいつくるかはわからない。みなさんは例えるなら真っ暗闇の中、航海にでようとしている漁師みたいなもの。私はソナーみたいなものだ。データを見ればわかるんだから。絶対当たるから」

その語り口は、あまりにもあざやかだ。つい聞き入ってしまう。だが、この予想屋が駆使するのは、美しいメタファーだけではない
「次のレース行くよ。この馬はまったく印がついてない。それは前走惨敗してるから。でもね、よーく考えてよ。前回は１４００メートルだったの。でも今回は１２００メートル。この馬のこれまでの走りのペースを見れば今回はぜったいに逃げ切れるんだよ。この馬に印をつけてないなんてありえない。意味がわからない」

壮大なメタファーに、こまめにデータを用いた説明をはさんでゆく。

前半の文学でしっかり心をつかみ、後半のロジックでしっかり行動におとしこませる。尋常ではない説得力だ。周囲の玄人っぽいお客さんたちも真剣なまなざしできいている。予想屋は続ける。

「ねぇ、いい？　松田聖子はね、松田聖子だから売れたんじゃない。売れたから松田聖子なんだよ。戸崎も同じ。戸崎だから売れたんじゃない。売れたから戸崎なんだよ」

やばい。文学とロジックだけではない。ふつうに面白い。

どうやら戸崎というのは大井競馬場の人気騎手のようだ。

冷静に考えれば、最後のくだりは何をいっているかよくわからない。また、正直論理的な整合性も冷静に考えると反証可能だ。だが、自信満々。昭和の露天商のような勢い

とユーモアのある語り口は聞いているだけでも楽しい。
そして、肝心なところで次のレースの予想は中断。ここから先の予想の肝心な部分は200円払った者のみが、小さな紙にスタンプを押されて、もらうことができるらしい。飛ぶように予想が売れて行く。200円で1レースだけ予想してもらえるのだが、1000円はらえば1日全レースの予想ももらえるそうで、こちらを買う客もかなりいる。
馬券を買うよりも、この昭和の露天商さんたちの口上を聞いている方が楽しそうで、さらに他の予想屋さんもまわってみることにした。
すると、「田倉の予想」という1つの店で足が止まった。

「う～ん、どうかなあ。1番の馬がこの時この位置にいてくれれば、勝てるんだけどなあ。でも前回の走り見てるとなぁ。ここにいるかなぁ。う～ん、どうかなあ。わかんねえなぁ。どうなんだろうなぁ」

自信に満ちあふれた勢いのある口調の予想屋さんが多い中、レースの展開を考えながら「どうだろうなぁ」「わかんねえな」を多用し、迷いながら予想するスタイルに、さきほど冷静になった時に感じた疑念に、なんとなく共感をしめしてもらえたような気がして、好感を持ちついつい話を聞いてしまった。

見た目は40歳くらい。周囲の予想屋さんより多少若く見える。

「予想屋歴は何年くらいなんですか？」

唐突な質問に、お客さんが一通りいなくなり、次のレースの予想の準備をしていた予想屋さんは一瞬きょとんとしたが、

「20年になるかなあ」

そう、教えてくれた。名前は田倉寛史さん。

「競馬が大好きでねえ。中学のときから川崎競馬場に出入りしてて補導されちゃってな。ほんで、社会に出て1つ目の仕事がこれ。でもね、はじめは師匠に弟子入りしてお手伝いからなの」

「お手伝いってどんなことするんですか？」
「レースや馬のデータ集めや整理、それから車の運転まで。何でもするよ。俺の師匠は佐々木洋祐って人でね。予想の神様みたいな人だったの。その人の下で十何年かお手伝いしてね。自分で予想屋を開業したのは7〜8年前かな。みんなそうやって誰かの下で修業してね、試験を受けるの。予想屋さんが全員入ってる組合と、レースの主催者の特別区競馬組合とかのね。2つの試験があるんだ」

なんと、この予想屋さんを開業するにはれっきとした資格が必要らしい。それにしても、口上のスタイルだけではなく、予想屋さんになるための過程も昭和のスタイルそのもの。師匠の佐々木洋祐さんはかなり有名な方だったらしく大井競馬のファンの間では名が通っていたんだとか。以前は、「佐々木の予想」という屋号だったのが、師匠からその屋号の一部をゆずりうけ、現在は「田倉の予想」として営業。師匠の代から数えると歴史は40年を越えるんだとか。

20年の経験に期待して200円で1レース分の予想を購入し、1000円分の馬券を購入した。

結果は……見事撃沈。

しかし、1000円とちょっとで懐かしい昭和の雰囲気と、おもしろい話をたくさん聞かせてもらえたと思えば、けっして高くはない。

夕暮れの中、駅に向かいながら、素直にそう思えた。

「高い」と「安い」の境界が自分の心の中で少し移動したのだろう。

島は境界に対する感受性を、いやおうなしに高める。京浜運河沿い、というより京浜運河の上を走り勝島へ向かうモノレールは、「境界」にまつろいきれぬ人々を乗せた方舟のように思えた。

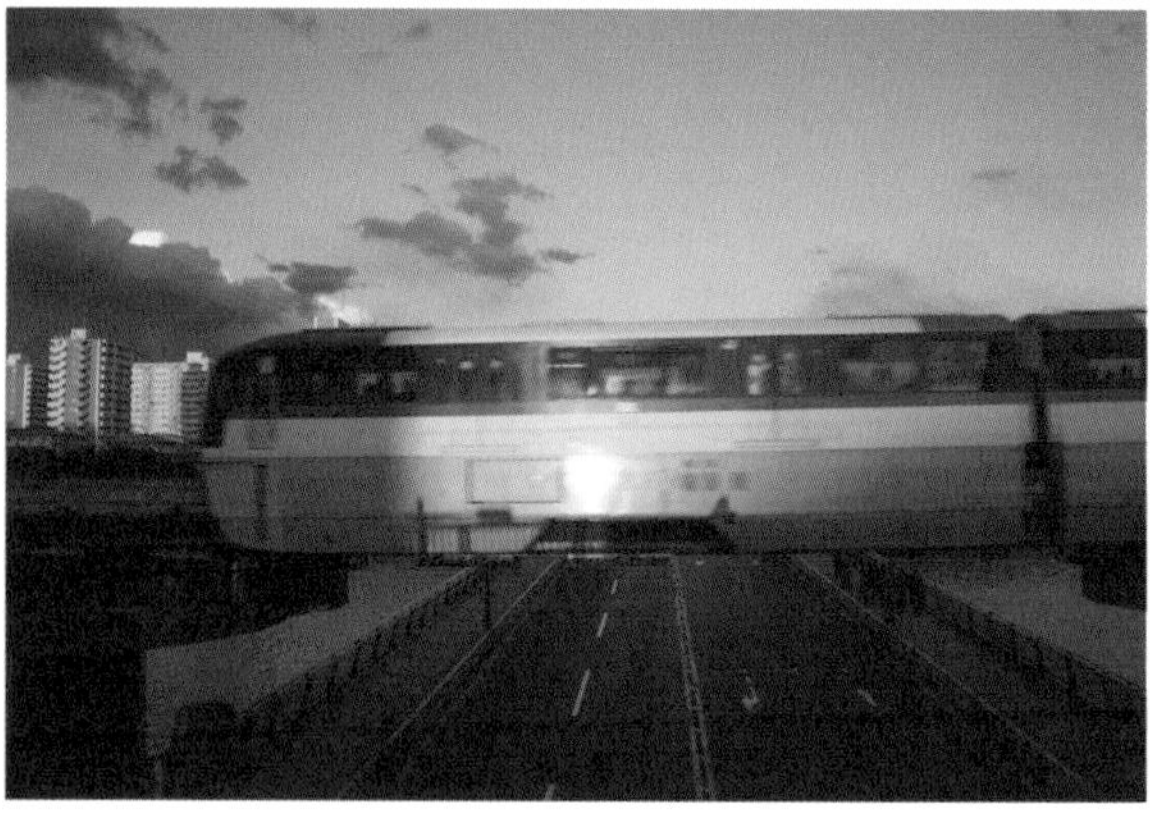

227

大田区

勝島

第10章 平和島 ～絶景ビーチへの隠れ入り口～

ココ！
京急開発

子どもとウロウロしているうちにたどり着いたビーチ

平和島は東京都・大田区にある人工島。羽田や大井コンテナ埠頭などが近く、海岸通りや環七といった主要幹線道路が島内を走る地の利もあり、島の大部分は物流センター、トラックターミナル、冷蔵庫、倉庫など物流関係の企業が占める。

島の北西部には平和島競艇があり、近くには「天然温泉平和島」がある。大田区には、「蒲田温泉」や、「ゆ〜シティ蒲田」など黒湯の温泉銭湯が多いが、ここ平和島の温泉は、平時は24時間やっている。なので以前、ちかくの天王洲アイルに住んでいて、帰りが夜中になった時は、よく通っていた。

夜中。このように、何か行動に制約がある時、城南列島の魅力は、一気に増す。遠くまで行く時間がなかったり、お金がなかったり。そうした時に、町の意外な魅力が発見できるものだ。

ある日、せっかくの休日なので、子どもをつれて、海と温泉にでも行きたかった。子は、海岸や河原でひたすら、「きれい」と彼の美的センスで認めた石や貝を見つけるのが好きなのだ。

だが、１つ問題があった。少し雨がふりそうなのと、そして何より都外への旅行は、あまり推奨されないタイミングだった。
なので、城南列島に子を連れて、車で遊びにでかけた。子が飛行機に興味を示し始めていたので、まずは京浜島へ行くことにした。

京浜島つばさ公園から羽田空港をのぞむ（2021）

だが京浜島のつばさ公園に着くと、予想以上に飛んでくる飛行機が少なかった。雨は降ったり止んだりだった。子に申し訳ないと思ったが、気をつかっているのかいないのか、とても喜んでくれている。車内でＡＮＡの飛ばない飛行機たちを見つめながら、お気に入りのおもちゃの飛行機を飛ばして楽しんでいた。

本物の飛行機があまりに飛ばないので、昭和島を通り抜け、平和島へ移動。とっておきのモノレールど迫力スポットで、すぐ頭上をモノレールが走るのを見に行く。よかった。大喜びだ。

雨もやんできたので、どこか海辺へ出ようと思ったが、つい先日も子を連れて城南島のビーチへ行ったばかりだ。ローソンで好きなからあげくんを買って、このまま温泉に行くか、少し海辺へ遊びに行くか、海辺へ行くとしたら、さてどこへ行くか。考えながら、なんとなく走っていると、気になる標識が矢印とともに目に入った。

「大森ふるさとの浜辺公園」

ん？　車をそのまま走らせるも、一瞬理解ができなかった。ここは平和島だ。矢印のさす方角は運河であり、このあたりの運河沿いにビーチなどあった記憶がなかった。

しばらく車を走らせた後、やっぱり気になって、カーナビで「大森ふるさとの浜辺公園」を調べると、平和島の対岸、大田区の本土に、その浜辺はあるようだった。カーナビでその地を目的地にして、従順にビーチを目指した。

城南列島にはモノレールのド迫力スポットがたくさん

が、それが大惨事の始まりだった。

本土へ出たまでは良かったものの、大田区の下町特有の込み入った道路。そして、公園の間近まで来たのはいいが、駐車場へたどり着けない。というか駐車場がない。そしてカーナビは、公園に沿った一方通行の小道へ我々親子を誘導するので、そこに迷い込んだ。

数百メートル進んで突き当りまで行くも、銀の柵があり、歩いてしか入れないようになっている。タイミング悪く雨も降ってきた。そして、最悪なことに、切り返す場所がない。ずっとバックで戻る。町工場の従業員からは、不審な目で見られる。

だが幸いなことに3歳の子は、

「なにー、なんでバックしてるの〜?」

と楽しそうにケラケラ笑っている。

からあげくんのおかげで機嫌がよかったのもあるが、そのおかげで、こちらもなんだか笑えてくる。楽しくなってきた。

するといろいろなことが気になりだした。小道沿いには、道路との接面がかなり陥没した平屋の工場があった。これは、明らかにおかしい。異様な空気だ。工場と並び、一列だけ住宅が混じるが、すぐ裏手には細い緑道もある。ふつうの土地にはない異界感を感じ、車を降りたかったが、雨も降ってきたので、その日は海遊びは諦めて、黒湯の露天風呂がある「ゆ〜シティ蒲田」へ行き、アイスを買わされ、帰った。

だが思い返せば、不思議なことだ。狐につままれたようだった。なぜ、カーナビ通りに行ったのに、たどり着けなかったのか。からあげくんを食べながら見た、あの看板はなんだったのか。本当は「大森ふるさとの浜辺公園」なんてないんじゃないか。

ググると、いや、確かにあった。アクセスを見ると……。

なんとカーナビで公園を目的地にすると、たどり着けないっぽい。

「え、そんなことある？」

思わずツッコミをいれながらさらに調べると、どうやら車で行く場合は、浜辺の対岸にある平和島からしか入れないらしい。

すぐに、リベンジをすることにした。

雨の心配のない、よく晴れた3月。しっかり駐車場の入り口の場所を調べ、再び車で訪れると、たしかに、駐車場への入り口はめちゃくちゃわかりにくい場所にあった。1つは、平和島のローソン近くでからあげくんを食べながら見かけた、看板の指図通りに狭い道から。

そして、もう1つは平和島のボートレース場南端にある、環状七号線の高架下付近から入る方法だ。

今回は後者から攻めることにした。

「大森ふるさとの浜辺公園」のビーチへ向かうには、まずこの駐車場から「平和の森公園」という違う公園に入る。かつてボートレース場の南端から続き、平和島を東京本土から隔てていた平和島運河を埋め立てた公園だ。

公園を、多少ドヤ顔で歩いた。今回はしっかり下調べをしてきたのだ。この公園には、めちゃくちゃ本格的なアスレチックがある。妻が子をアスレチックで遊ばせたいと言っていたので、しっかりその要望にこたえ、イクメンぶりをアピールしようとしたのだ。

だが、あえなく失敗した。

本格的アスレチックは、未就学児は入れなかった。予習してきたのに。肝心なところが抜けていた。

だが隣に、幼児用の小さいアスレチックがあり、子はめちゃくちゃ楽しそうに遊んでくれた。

その後、歩きながら、目に入るすべての植物の名前を教えてくれと逐一せがまれ、アスレチックの負い目もあったので、写真を撮るだけで植物名がわかるアプ

幼児用のミニアスレチック

リを入れて、その要望にこたえ、子が気になったすべての植物の名前を教えながら、ビーチを目指した。運河沿いの、1面黄色にそまった菜の花畑を通り過ぎると、小高い丘の上から眼下にビーチが広がった。

城南島の時も思ったが、こんな隠れビーチが東京にあったなんて……。圧巻だった。

白砂がはるか彼方まで広がる、THE・ビーチ。ディカプリオを連れてくれば、そこそこの映画は撮れるはずだ。子もハリウッド映画の舞台としても遜色ないと踏んだのだろう、見えない敵を倒すヒーローごっこを始めた。

ビーチサイドには、テイクアウトでき

る売店があるが、メニューの充実ぶりが、ハンパない。食べ物だけで、冷暖肉うどん、冷暖きつねうどん、焼うどん、ふるはま丼、自家製とん汁、うどん入りとん汁、ビーフガーリックピラフ、ナポリタン、ボロネーゼ、ホットドッグ、ピザトースト、ガーリックトースト、海老入チャーハン、トーストサンド、メンチカツパン、ポテサラチーズパン、チキンカツサンド、ベジタブルサンド、オニオンリング、フライドポテト、からあげ、ソーセージ、バニラアイス。

ドリンクも、生ビール、リーファーワイン、スパークリングワイン。もちろん、赤、白、ロゼ。ソフトドリンク各種にオニオンスープ。駅から遠いので車で来ざるを得ない人も多いだろうと、ノンアルコールビールを置いてくれているのも、うれしい。

「何にする?」

「アロエ」

子はこの充実のメニューを一切スルーして、外にあった自販機のアロエの缶ジュースを購入した。

それにしても、大都会にこんな素敵なビーチがあるなんて、東京もカリフォルニアにけっして負けていない。

砂浜に座り、ハリウッドスター気取りでノンアルコールビールを飲もうと思ったが、子が、とりあえずビーチの端まで一度ダッシュするらしいので、付き合ってダッシュをする。

凧を揚げる親子、ビーチボールで遊ぶ高校生。平和島の隠れた入り口の先に隠されていたのは、完全なる楽園だ。だが、ビーチは端から端でおそらく片道400メートルはある。39歳にはそこそこ地獄だ。息が切れたので、一度休ませてもらう。

ビーチの前、昭和島と平和島のあいだを流れるガスミオ運河の終着点は、ちょうど入り江のようになっており、浜辺に対して弧を描く扇型。それゆえ、視界はかなり開けている。城南島ビーチと違い、水平線が見えるほどの

抜けはない。だが、圧巻の昭和島ビュー。

海外ならチャム島をのぞむベトナム・ホイアンのビーチ。国内ならそれこそ江ノ島をのぞむ湘南のビーチ。

島ビューの美しいビーチは多々あるが、都内にも島ビューのビーチはいくつかある。

3月は菜の花が一面に

売店の充実度がすごい

城南島ビーチからのぞむ令和島

城南島から対岸の令和島へは
海底道路で行ける

圧倒的異界感が漂う令和島内

城南島ビーチも北端からは、ガントリークレーンが立ちならぶ令和島ビュー。令和島は、東京オリンピックのカヌーやボート用に作られた水上競技場や人工森「海の森」がある中央防波堤内側埋立地の、さらに外。東京本土からははるかかなた、現在の埋め立て最前線にある島だ。それゆえコンテナ埠頭は水深が深く、大型コンテナ船愛好家にはたまらない、島ビュービーチだ。

葛西臨海公園の西なぎさからも、立ち入り禁止の東なぎさビュー。東なぎさは、バードサンクチュアリのため、野鳥観察愛好家にはたまらない、島ビュービーチだ。

お台場のビーチからも、ペリーを迎え撃つ砲台設置場所として作られた埋立島・台場

跡ビューだ。第六台場は立入禁止だが、お台場海浜公園のビーチ端から歩いて入れる第三台場は、昔の砲台跡が残されている。幕末の歴史愛好家にはたまらない、島ビュービーチだ。

さらに夜は、第三台場の島内からは圧巻のレインボーブリッジとフジテレビの夜景ビュー。ここに連れてきて口説けない女性はいないと、さえない高校生だった頃は思っていたが、39歳まで生きてきて、実際はその島に女性を連れて行って口説いたことなど一度もない。駅から遠すぎる。

さえない高校生ほどではないが、島が見えるビーチというのは、対岸の島への想像をかきたてる、特殊な魅力を持つビーチだ。

そんな東京23区の「島ビュービーチ」の中でも、「大森ふるさとの浜辺公園」は、圧倒的迫力で昭和島が眼前に迫る、稀有なビーチだ。

第11章

昭和島

〜この島のような、父になりたい〜

ガスミオ運河の向こうに見える昭和島

ビーチの目の前にあるガスミオ運河の名前の由来

子は、こんどは白浜の中にまじった、カラフルな石を集めている。見渡せば一面真っ白な砂浜でも、丹念によーく見つめれば、全く異なる赤や緑の、美しい砂礫がまじっているのだ。齢3歳。子どもは遊びの天才だ。知識がなくても、目の前にあるものの魅力を即座に見抜き、面白みを見出す。

ひたすら一箇所に、集めたカラフルな砂礫を並べる子の向こう側にそびえる昭和島へは、何度も行ったことがある。だがほとんどの場合は、アロエジュース購入ばりのスルーだった。

海岸通りから京浜島へ行く際にこの島を通る。島を回ってみたこともあったが、なんの面白みもない。そう思っていた。だがいまはそうは思わない。「大森ふるさとの浜辺公園」のビーチからのぞむ対岸の昭和島には、感謝しかない。この気持ちいい浜辺があるのは、昭和島のおかげなのだから。齢39歳にしてようやく昭和島の魅力を見抜けた。

以前この「大森ふるさとの浜辺公園」へ、カーナビの誘導通り東京本土の大森側から来ようとして、謎の一方通行にはまり込んだ。その際、道の脇の不自然な陥没ぶりと、異様な区画の取り方が気になって、その理由を調べたのだ。

1906年の大日本帝国陸地測量部・2万正式図を見ると、その一方通行あたりは小さな運河。そしてそれより海側。現在のビーチと、この一方通行の間にある、野球場やサッカー場がある一帯は、明治41年から昭和62年まで東京ガスの大森工場だった。現在のビーチは2007年に作られた人工ビーチだが、これに大きく昭和島と東京ガス大森工場が関係しているのだ。

ビーチの目の前にある運河は、ガスミオ運河というが、その名は「ガス」と「澪《みお》」に由来する。ガスミオとは、「ガスのために船が航

アロエジュース、クリームソーダ、昭和島

行する水路」という意味だ。城南列島と、東京本土の間に位置する運河や海域は、勝島や平和島の本土側がそうであるように、次々埋め立てられた。だがこの水域は、東京ガスの工場に資材を運ぶ船が行き来したため、なかなか埋め立てられなかった。

しかしそれでも昭和56年、この地の埋立計画が持ち上がった際、当初は下水処理場にする計画だった。

だが海苔の養殖で古くから知られるこの地、大森には、漁民コミュニティーが形成されていて、海域環境に対する思い入れも強く、反対の声が上がった。

対岸の昭和島には、東京南部一帯を引き受ける日本最大の下水処理施設ができ、さらにそこと城南島の汚泥処理施設が、海底のパイプでつながり、効率的に下水を処理する仕組みも構築されつつあった。

そうこうしているうちに、この地に、「べつに無理して下水処理施設作らなくてもいっか」、となった。

渋谷であなたがしたうんこは、昭和島と城南島のおかげで浄化され、何事もなかったかのように、快適な東京ライフを満喫できるのだ。

その後、１９８１年の当初の計画から26年後の２００７年、このビーチが完成した。誰にも知られず、陰から支えてくれた昭和島のおかげで、このビーチは立派に成人した。

　ビーチから見える昭和島には、感謝するしかないだろう。

　だが何かきっかけがなければ、それに気づかない。陰から支える、というのはそういうことだ。

　つまらないと思いこみ、一見その魅力に気付けなかったとしても、けっしてつまらないことなどなく、むしろ、そう思わせていたことこそが最大の魅力なのだ。キラキラ輝くこのビーチにとって、昭和島が担った陰の努力は、どちらかというとプラスに働くものでもないだろう。ビーチから見える昭和島は、寡黙に対岸からこのビーチを見守っていた。

　昭和島に、畏敬の念を覚えた。

　ふと子をみると、今度はビーチに顔を描いてあそんでいる。

「誰の顔？」

「ママだよ」

「パパは？」

「ママだよー。ハハハ」

　妻に頼りすぎているので、表からも、もうすこし支えようと思う。

247

大田区

昭和島

第12章 月島温泉

～東京23区の島風呂～

島で入る風呂は、最高だ。

現役バリバリの火山島・鹿児島の硫黄島には、誰もこない海辺の岩場にひっそりと温泉が湧き出ていて、そのお湯がそのまま流れ出してエメラルドグリーンに染まる海を見ながら入れる露天風呂がある。

アートの島・瀬戸内海の直島には、「I♡湯」という、名前からしてアートまみれの銭湯がある。銭湯なのだが、浴槽に象の像がいる、ポップな銭湯だ。少し歩けば巨大な赤カボチャのオブジェが佇む港がある。

前者なら風呂から徒歩1秒で絶景の東シナ海、後者なら風呂から徒歩1分で絶景の瀬戸内海に出て、湯上りに涼む贅沢な時間を堪能できる。

都心から近いところでは、東京都・八丈島や神奈川県・初島も、風呂に入れる島だが、もっと近場、東京23区にも、この贅沢な時間を過ごせる島がある。平和島にはスーパー銭湯があるが、より気軽に入れる銭湯がある島が2つだけある。月島と佃島だ。

佃島には、島の中心部、真っ赤な太鼓橋あたりに、日の出湯という銭湯がある。築40年は経っているであろうマンションの1階にある銭湯だ。一言で言うと「昭和後期レトロ」。光沢のないえんじ色のロッカー、くすんだ白い壁。浴場も同じくえんじ色と白色を基調としつつ、浴槽は光沢のない渋目の水色のタイル。

昔からの破風造り、銭湯絵師が描いた富士山を背負う、いわゆる「THE・レトロ」な本格レトロ銭湯は、保存しようという機運も高まりやすいが、この日の出湯のような「昭和後期レトロ」こそ、一番の絶滅危惧種かもしれない。同じく、マンションの敷地内のビル銭湯、渋谷の改良湯もサクッとオシャレにリノベーションされてしまった。古風と今風の中間にあるがゆえの、素朴で貴重なレトロが、日の出湯にはある。

浴槽は4つあるが、1つは湯をはっていない。サウナ用の水風呂なのだろう。サウナも休止中だ。まっくらなサウナ室をのぞくと、荷物だらけで倉庫

状態。「ビデオテープ」と書かれた、アート引越しセンターの段ボール箱。なんのビデオなのだろう。奥にはえんじ色のゴルフバッグ。銭湯のご主人はえんじ色が、よほど好きなのかもしれない。そして、埃だらけのマガジンラック。そこには「2013 December」と記された、「1010」という銭湯雑誌。このサウナは、2013年頃にはすでに休止していたのかもしれない。

サウナブームに媚びないその姿勢こそが、レトロのためのレトロではない、本物のレトロだ。

お湯の浴槽は3つ。「あつい」「ふつう」「ぬるい」。「あつい」に入るとガチであつい。なので「ぬるい」に入る。なそれでもあつい。下町

佃島の日の出湯

月島の月島温泉

の銭湯は容赦がない。「ぬるい」には、水を足す蛇口がついているが、「ふつう」は、蛇口の取っ手が外されている。そして「あつい」は、蛇口ごと取り外されている。お湯をぬるめることに抗う、意思の差を感じる。だがサウナがない、とりたててすごい施設がない、というのはとんでもないメリットだったりもする。地元民しか来ず、すいているのだ。

対岸の鉄砲洲にある湊湯は、オシャレにリノベーションし、サウナも運転しているがゆえに、サウナーが域外からも訪れ、いつも混んでいる。比べて、この日の出湯は、サウナに興味がなくゆったり風呂に入りたい私にはうってつけだった。

外に出れば、徒歩30秒で佃掘に出る。夜の佃掘は昼とは違う顔を見せる。風呂の後、即水辺で夕涼みという「島風呂」の醍醐味をしっかり満喫できるのだ。

その佃島と、佃川を埋め立てた佃大橋通りをはさんで向かいの月島。ここにも、もんじゃストリートの中に月島温泉という銭湯がある。こちらもビルの中にある銭湯だが建物自体は築20年ほどで比較的新しい。「温泉」と書かれているが、いわゆる温泉ではない。「軟水」を使っており、「温泉気分をお楽しみください」。その思いをこめて、「月島温泉」。味わい深い店名だ。

入ると券売機に「常識のない方おことわり」など、いくつもの注意書きが、入浴券やタオルの購入ボタンにまじって貼られていてピリッとする。常識をもって、風呂に入ろうと思う。

浴場は壁のタイルにミッ○ーマウスやドナル○ダックがあしらわれ、貼り紙とは裏腹に、ポップな雰囲気がただよう。以前は露天風呂もあったようだが、現在は閉鎖され、「再開のめどは立ちません」と貼り紙がされている。サウナは現役だ。湯の浴槽は3つに区切られた日の出湯とは逆で、1つながりで大きな浴槽となっている。バイ

佃島と月島。どこからでもすぐ隅田川へ出れる

月島温泉から2分。隅田川への入り口

ブラのブクブクの勢いが強いのと、循環のための排水溝が浴槽の横一辺全てに取られているので、浴槽全体に強い水流が生まれ、常にフレッシュな湯を楽しめる。

銭湯をでると、徒歩30秒ですぐに飲食できる店がたくさんある。この好立地は東京の銭湯の中でも貴重だが、さらに月島温泉がいいのは、歩いて2分ほどで、島を囲む隅田川河口に出られることだ。

潮風を感じながら夜景をのぞむ。火山の島や、アートの島にひけをとらない、風呂後の夕涼みスポットだ。

雄大な川沿いにベンチが点在し、、夜はひと気もすくない。それだけなら、他の島でも味わえるだろうが、ここは、なにせ安全だ。なぜなら、ベンチのすぐ後ろは河川敷に超密接したマンションだ。何かあっても大声を出せば、すぐにマンションの2階に声が届くだろう。静寂につつまれながら、すぐ後背には人気《ひとけ》が控えている。日の出湯と月島温泉には、東京の23区の島ならではの「島風呂」の魅力がある。

第13章 妙見島
～江戸川 モン・サン＝ミシェル～

ココ！
Hotel LUNA
HOTEL LUNA

「苦しみ働け、常に苦しみつつ常に希望を抱け、永久の定住を望むな、この世は巡礼である」

山本周五郎の日記に引用されている、ストリンドベリイの一節の意味を、妙見島を訪れた帰りに立ち寄った、江戸川区の船堀にある「あけぼの湯」でずっと考えた。

山本周五郎は、『青べか物語』や『季節のない街』など、市井を生きる庶民を緻密な取材と、実際の生活体験をもとに描いた作家だ。この日記は、昭和3年から4年にかけ、山本がまだ売れる前、完全な私記として記し、死後『青べか日記』と題されて公表されたものだ。山本は、すでに鬼籍に入っていたこのスウェーデンの劇作家の言葉を自らになげかけ、彼を「友」とよび、「主」と呼びながら、誰に見せるためでもなく、この日記を綴った。

「予は貴方を礼拝しつつ巡礼を続けよう」

山本にとってのストリンドベリイが、私にとってはつい先ほどまで訪れていた、妙見島であった。

葛西と浦安をつなぐ浦安橋

橋の中ほどに、妙見島へ降りる側道が

めずらしく雨の続く五月の晴れ間、わたしは久しぶりに、妙見島をおとずれた。旧江戸川の中州にして、東京都の葛西と、千葉県の浦安の境目にあるこの島は、かつては船でしか渡れなかったが、いまは浦安橋の中ほどにある進入路から島へ入ることができる。

この日、島の気持ちのいい堤防で、対岸の浦安市・当代島を、ただぼんやり眺めていた。はるか地平には入道雲がわきあがろうとしていた。

妙見島には、何度も来たことがある。

東京側から浦安橋を歩いて島に入ると、一瞬で空気がかわる。島の入口は、橋に覆われて薄暗く、圧倒的異界感がただよう。ゴミ箱と化した放置自転車が心をざわつか

中央が妙見島の南部。旧江戸川の中洲

せ、頭上の橋をつたう鉄管から滴る水滴が顔に直撃し、ひやりとする。
橋をはさんで島の下流側には「西野屋」と書かれた船宿と、「ルナ」というレジャーホテルがある。
橋をはさんで上流側が、島のほとんどを占める。島はほぼ工場で占められていて、観光するために来るような場所ではない。島の中部は産廃処理工場と、道路などにつかうアスファルト混合物、アスコンの中間処理工場で二分されている。アスコンの生成過程では、廃材を破砕するなどした大量の砂を使うため、島内の道路は砂だらけ。廃材を運ぶトラックが走るたび、砂埃が舞い上がる。廃材は、そのまま運べば運ぶだけ、輸送コストがかかる。破砕や中間処理をして再利用するものと処理するものに分けたほうが効率的だ。都内にありながら、音や多少の砂埃は気にならない島は、うってつけの立地なのだろう。道路には約20メートルおきに「立小便厳禁」の文字。そのあまりの念のおしようが、心をざわつかせる。
だが、島の東岸は別世界だ。うってかわってリゾートアイランドの

ように感じるのは、ヤマハの会員制マリンクラブの存在に依るところが大きい。まっしろのボートとヤシの木が、ここが江戸川区であることを忘れさせる。

その奥、上流側のどんつきは、プチ軍艦島ゾーン。太陽光を力強く跳ね返すシルバーのタンクが要塞のようにそびえ立ち、なかなか工場萌え要素の強いエリアだ。これは月島食品工業のマーガリン工場で、道路をまたいで岸壁へ鉄管パイプがのびており、その先端は停泊している船につながれていた。船から直接原材料をタンクへ陸揚げできるようになっている。島の地の利を生かしたプラント設計といえる。

この島の上流側には、団地のような建物が、いくつかある。島の工場に

妙見神社

は寮が併設されていて、従業員が住んでいるのだ。きょうは日曜なので、島を歩くと自転車にのった島民が、ぽつぽつと本土へと続く橋に吸い込まれていく。妙見島に住もうと思ったら、これらの工場の従業員になるしか方法はほぼない。妙見島に暮らせる特権階級だ。

この住宅地の横には妙見神社という小さな神社がある。これが島名の由来だ。工場島らしく武骨に、サントリーの「白角水割」と、ワンカップの「高清水」が供えられており、いまだこの工場群の住民から大切にされていることがうかがえる。古くは中世にこの地をおさめた千葉氏が信仰したというが、妙見とは北極星のことをさし、不動の北極星を目印に、船をあやつる漁師の間にも広く妙見信仰がある。この妙見島の対岸・当代島はかつて漁師

町であり、いまでも「焼きあさり」と書かれた店や、船宿が何軒も建ち並んでいるのだが、神社でお参りをすませ辿りついたのが、その当代島を一望できる堤防だった。

堤防で、目の前を通り過ぎる船をずっと眺めていた。とくにやることがあるわけでもない。この地を訪れるのは、自分にとって一種の巡礼だった。

山本周五郎の『青べか日記』は、対岸の浦安・当代島近辺で暮らした20代の頃の生活が描かれている。「青べか」とは、青く塗った薄板で作られた一人用の船のことだ。山本は売れる前、自らの意思で東京から鄙びた漁村・浦安に引っ越したのだ。

ままならない作家生活の中、食べるものに困り、蔵書を売るような生活。そんな山本の心の支えは、亡くなった初恋の人・静子と、目下恋心を寄せている末子だった。

「末子よ、良い夢が君を護るように。静子よ、私の眠りを守っておくれ」

初期の日記には、毎晩のようにそういった趣旨の祈りが記されている。だが途中から、どうやら末子との関係は成就しそうにないと悟り始める。

いよいよ蔵書も売り尽くし、米を炊くこともままならない。創作活動に重きを置いたため勤務態度が良好ではなかった出版社も解雇され、それでも創作活動は遅々としてすすまない。ようやく仕上げた渾身の一作を出版社に持ち込むも、あっさりと退けられる。川で自ら採った鮒を煮、どじょうを汁にする生活。

追い詰められた山本の日記に次第に登場するようになるのが妙見島だ。

行き詰まり、心が塞がった日に、妙見島へ渡り、つくしんぼを摘む。コンテ画を描く。

ただ枯草の上に寝そべって温かい陽を身に浴びる。何をするでもない。ただそれだけだ。そうしたからといって、塞いだ心が晴れるわけでもない。それでもただただ、妙見島に渡る。

そうして明け方の4時、6時に眠りにつく。

「金が欲しい」

と繰り返し書き付け、

「ごくろうさま、三十六。よい夢が訪れるよう」

と繰り返し自分を鼓舞し続ける。三十六とは山本の本名だ。公表することを予定して書かれた日記ではないので、そこにぶつけられた感情は鮮烈だ。

　恋心を抱いていた女性と縁が切れ、勤めていた会社もクビになり、全てをかけた原稿も退けられた。

　そんな山本が、ただはっきりとした目的もなく繰り返し訪れたのが、この妙見島なのだ。

　山本が吸ったこのあたりの夜中の空気を吸いたくて、夜中に島を訪れたこともある。シンとした空気が張り詰めていた。島民は

月島食品の原料を運ぶ船。対岸は浦安市の当代島

Seagull 26

ほぼ従業員しかいないので、工場の警備員には若干怪しまれた。別に何をすることがあるわけではない。釣り道具でも持ってきていれば合点がいくのだろうが、何もしていないということが、めちゃくちゃ怪しいのだろう。

きょうも別に何かすることがあるわけではない。

だが、何もせずじっとしていると、そうしなければ見えなかったものが見えてくる。入道雲をずっと見ていると、その動きが見えることに気づく。普段は感知し得ない、かすかな動きが見えるのだ。

次第に育つ入道雲が、どこまで大きくなるかずっと見ていたかったが、

「ぴんぽんぱんぽーん」

チャイムが鳴った。続々とヤマハのマリンクラブに船が帰ってくる。気づけば3時をまわっていた。とはいえ腹が減ったので、マリンクラブのレストランに行くことにした。

マリンクラブには、島で唯一のレストランがある。たしかコーヒーやパスタが食べられ……。

妙見島にある寮

「ＣＬＯＳＥ！」

まさかのクローズの看板。

「いまはコロナで……。あちらの席、座っていただいて大丈夫ですよ」

受付のお姉さんが、建物敷地内にあるテラスを案内してくれた。茶で一服する。テラスからは、ちょうど次々帰ってくるボートを「逆凹型」のクレーンがつりあげる迫力の光景が見られた。

すると、ふと思う。工場に勤め、この島に住める従業員も特権階級だ。そんなに高層のマンションではないが、東京側の岸辺には低い建物が多く、さらに海抜も低いため、位置関係を考えるとおそらく東京を一望でき、ひょっとしたらスカイツリービューなのではないかと思う。うらやましい。

ボートを持って海原へ駆け出すことのできる人も特権階級だ。かつて山本周五郎が「べか船」で、もやもやしながら江戸川を下って訪れた「沖の百万坪」でした「『若きウェルテルの悩み』を優雅に読むプレイ」をし放題ではないかと思う。うらやましい。

いや、いまはそのあたりは埋め立てられてディズニーランドだ。だから、「沖の百万坪」プレイは無理だ。一切悩みのなさそうなカップルだらけだ。

なんとか溜飲を下げる。いや、でもこの気持ちはウソだ。本当は、自分はやはりボートが欲しい。ついでに、東京ディズニーランドも行きたいはずだ。

入道雲を数十分ぼーっと見続け、そのわずかな動きを視認し続けた直後の感知能力は、最高レベルにまで達していた。どうしても人間は、外部からの刺激を感知する際、プリズムを通してしまう。

到底無理そうなもの、実現に苦痛をともないそうなもの、失敗した際に嘲笑されそうなもの。たとえばそうしたものに、無意識にネガティブな価値判断をくだしかねない。

この心のプリズムは、日々あわただしく生きていると、その存在に気付かず、プリズムを経て感知した感情が、すなわち自分の気持ちだと錯覚してしまう。

そのプリズムに気づくには、極限まで感知能力を高めなければならないのだろう。入道雲の動きを視認しようとした集中力の高まりの余韻が、すんでのところで、『若きウェルテルの悩み』より、やはりディズニーランドに行きたい自分、そして本当のところ、加山雄三に憧れていた自分を、認知させてくれた。

「青べか船」のように、ボートを買えば、より行動範囲は広がる。建物の中に売り出し中の中古ボートのチラシが貼ってあったのを思い出した。

じっくり見定めると、一番安いボートで
「３１９万円　※諸経費別途」

失意のうちに、建物を後にした。

だが、自分の意識をプリズムを排除して、極限まで繊細に観察した結果、1つの大切なことを思い出した。自分はこの島に何度もきているのに、もっとも気になることから目を背けていたのだ。

そう。ラブホテルだ。

ボートクラブを出たその足で、一目散にラブホテルへと向かった。だが、やはり一人で入る勇気がなかなか出なかった。なので、まず電話をすることにした。

「すみません。あの、すぐ近くにいまして、一人で休憩してもいいですか？」

「え？」

一拍戸惑いの間があった後、

「ああ、大丈夫ですよ」

感じのいい声で、女性が承諾してくれた。気になればなんでも試してみる。そうやって生きてきたはずだ。だが、妙見島にきて、このラブホテルだけを避けてきた理由はなんだったのか。そこに、なんらかのプリズムがあることだけは確かだ。

来るものを拒むかのような扉を抜ける。

「すみません、先ほどお電話した……」

「あ、どうも～。そこで、お部屋選んでください！」

想像するラブホテルの店員とは違う、チャキチャキで明るいおばちゃんだ。

「んー、景色の良い部屋はどこですか？」

外から建物を見たとき、わずかながら部屋の窓が開いていたのだ。方角さえ良ければ、何度も憧れながら手が届かなかった月島食品工業、もしくは砂町アスコンの社員寮からと同じ絶景――それはおそらく、東京が一望でき、スカイツリーまで見えるのではないか――を堪能できるはずだ。

「え？　景色のいい部屋？　あんま窓開かないけど。でも、えーっと、あっち？　あっちか。５０６がいいんじゃない？」

「どっち側ですか？」

「東京側！」

決定だ。休憩3時間、５５００円。

よく見ると、来店サービスでうまい棒食べ放題。ドリンクバーもあ

る。さらに大量のシャンプーやトリートメントが飾られている。

「このシャンプーとかはなんですか？」

「ああ、それ？　部屋に備え付けもあるんだけどね。好きな銘柄があれば使ってもらおうってことで」

至れりつくせりだ。

「ずいぶん人気なんですね。パネルけっこう埋まってますよ」

「そうなの。ここはディズニーランドが近いでしょ？　だからディズニーに行く人が泊まったりするの。あの周辺だとけっこう高いでしょ？　でも、最近はコロナでね……。あ、そうそう。うちは男同士も大丈夫なのよ。けっこう、断るところもあるみたい。女子会とかで来る子もいるんだ」

「へぇ、女子会も」

「一人で来る人もいるよ。現場の人ね。作業員さんとか。朝早いから、泊まっていくんだって」

工場が多いからそこの作業員だろうか。一人で来るガテン系さんもいるらしい。

「一回現場系の人が泊まった時、奥さんが電話してきてね。『ウチの亭主泊まってるんでしょ？　誰と？　出して！』って。ホテルの名前、しっかり奥さんに伝えてたみたいで。

調べたら、こういうホテルだからびっくりしたんだろうね。そのお客さん、一人だったんだけどね。でもね、朝早いからってこのホテル泊まってたのに、翌朝寝坊したみたい。ははは」

相当、朝が苦手な人だったんだろう。

「でも、やっぱり不倫も多いかも」

「へえ、見てわかるんですか？」

「うん。なんとなくね。ちょっとそわそわしてるんだよね。ここはさ、人目につかないから。道路からひょいって降りちゃえば、本当に人いないから」

たしかに訳ありの逢瀬に、島の隔絶性はうってつけかもしれない。

「あと、うちは部屋数より1つ少ないんだけど、ほぼ部屋数と同じ台数分の駐車スペースがあるから。都内でほぼ全部屋停められるこういうホテルは、ほとんどないんじゃないかな」

「そういえば、たしかに駐車場いっぱいでしたね」

「けっこう遠くからも来るみたい。東京と千葉以外のナンバーもあるから」

「長いんですか？」

「うん、46歳からだから、もう5年くらい。今52歳だから。」

52には見えない。割腹もかなりよく、いかにも肝っ玉かあちゃんというような感じだ。

「どうしてまた、ここへ？」

「前はビジネスホテルでベッドメイキングやってたんだけどね。受付やりたくなって」

「へえ、どうしてです？」

「接客やってみたかったんだよね。わたし、18歳で子ども産んだんだけど、その前、高校生の時にバイトで接客やってて楽しかったんだよね。で、その後、子ども6人産んでさ……」

「え？　6人？」

おもわず聞き返した。ほんとうに、というか予想以上の肝っ玉母ちゃんだ。

「うん。だから、働き出したのがもう40過ぎてたんだよね。下の子がそれなりに大きくなってから。でも、その歳だとなかなか求人ないでしょ？　で、たまたまビジネスホテルのベッドメイキングの求人あったからやったんだ。そしたら接客やりたかったこと思い出して、フロントやりたいなって思ったの。でもビジネスホテルのフロントって、もういまの時代、英語できないとダメなのね。だからわたしは無理で。そしたら、ここの求人があってね。しゃべりたがらないお客さんもいるから、ちょっと特殊な接客だけどね」

意外な話に、思わず戸惑った。18歳から子育てを始め、6人の子を育て上げた。高校の時にやりたいと思っていた業種に、勤めることができた。江戸川区にある島の、隠れ家のようなホテルで……。そんな話を聞くことになるなどと、誰が思うだろうか。

やはり街中には、一冊一冊、決して同じ内容ではない物語が書かれた書籍が、その内容を秘してひっそりと暮らしているように思えた。そして、その服装や表情は、けっして本当の書籍の装丁のようにわかりやすくはないが、しっかりと物語の内容をあらわした素敵な装丁であるに違いない。

たしかに、このフロントの女性の顔は、笑顔と自信にあふれ、喜びに満ちていた。

と、ふと思い出した。

佃島から妙見島まで、自転車で飛ばし、さらに島内を歩きまわった。その上、島に唯一のレストランが閉まっていて、昼食を食べ損なったので、お腹が空いていた。

「この島、食堂とかないじゃないですか。どうするんですか？」

「わたしは、お弁当持ってきてるけどね。お客さんは、ルームサービスもあるよ。けっこう人気」

「なにが人気ですか？」

「んー、ステーキピラフかな」

窓からの眺め。東京が一望できる

陽が差し込み、健康的になった部屋

またしても意外な言葉に少し意表をつかれた。

「カレーとかラーメンじゃなく、ステーキピラフ？」

「うん。ステーキ、厨房で焼くからね。ピラフは冷凍だけど」

「あ、じゃあそれ、あとでお願いします」

エレベーターにのり、5階へつくと、城のような装飾が施された廊下。部屋番号が、電飾で赤く光っていた。

なかは真っ赤な壁に、シャンデリア。そして大きなベッド。ラブホテル独特の怪しさがあった。だが、窓をあけると雰囲気は一変した。

傾いた西日がさしこむと、部屋は一気に爽やかになる。少ししか開かないが、窓からは、見事に東京が一望でき、スカイツリーも見える。これが東京の、本当に東端から見る景色。釣り船が停泊する旧江戸川の向こうには、葛西の低層住宅。そして地平線近くには、都心の高層ビル群が小さく林立している。「働」と「住」。その色分けが、遠近でしっかり染め分けられているように見えた。3時間で部屋をとった。おそらくもう少しすれば、夕日が見られるはずだ。せっかくだし、一人でホテルを堪能することにした。

一応メニューを確認すると、驚きの充実度だ。ここはファミレス？

ステーキやハンバーグから、クッパなどの韓国料理。そしてパフェまで。

クッパにこころが揺らぎながら、それでも
「すみません。ステーキピラフお願いします」

受話器をとって、そう告げた。

「はは。はーい」

先ほどのフロントさんだ。彼女のすすめる、いち推しにかけることにした。部屋には吉宗のパチスロが置いてある。１００円でコインが6枚分。10秒でなくなった。あまりのコスパの悪さに、すぐさま撤退。しばし大きなベッドに寝そべった。

あまりに快適な空間だ。東京を一望できながら、一線を画し、さらに四方があきらかな結界で護られている。そこから来る心理的な安心感は計り知れない。わざわざこの島にきて、枯れ草に寝そべり、そのことを日記にしたためていた山本周五郎も、同じ心持ちだっただろうか。

「わたしの眠りを護りたまえ」

そう思いを寄せた女性が次第に遠ざかり、眠りにつく時でさえ安堵を与えてくれるものがなくなった頃から、日記にこの妙見島があらわれる。

本来は男女が歓びをわかちあうはずの場所に一人でいる孤独さが、１００年前の若い青年に対してのシンパシーを抱かせる。

ここには……。

「ぴろぴろーん。ぴろぴろりん」

静寂を切り裂く、ファミリーマートに入店した時の音楽……。

「はは。ステーキピラフどうぞ～」

先ほどのフロントさんが、届けてくれた。

味は……。

「うまい」

ふつうにうまかった。ミディアムレアに焼かれた大きな肉。そしてその下には、茶碗2杯分はあるボリューミーなピラフ。ニンニクのよく効いた醤油ベースのタレを好きなだけぶっかけて食べる。うまくないはずがなかった。

なにより「冷凍だけど」といっていたピラフがいい。しっかり電子レンジで熱したピラフをさらに熱々の鉄板に置くものだから、肉から食べているうちに、おこげができていくのだ。

この手作りステーキと、冷凍ゆえの貴重なおこげピラフの、奇跡のコラボレーション。カップルで1つでもよさそうなものだが、1人で余裕で平らげた。

まだ、夕暮れまで少し時間がある。せっかく、大きな風呂があるので、汗を流す。まさかのジャグジーつきだ。浴室テレビまでついている。一人ではしゃいでいると、そろそろ笑点も終わる時間になってきた。

部屋に差し込む光も、さきほどより一層赤みを帯び、影も長くなった。窓から外をのぞくと、見事に燃える夕日が、今まさに、東京の彼方に沈もうとしていた。東京でもっとも早い夕日だ。

東京の全てが、1日の最後の輝きにつつまれ、闇に飲まれようとしている。返す返すも、月島食品工業と、砂町アスコンの寮がうらやましい。こんな光景を毎日独占できるのだろうか。

それは、まさに巡礼のような神秘さをまとっていた。東京という土地でありながら、結界をまとったこの島で、東京のすべての業を、真っ赤に燃える太陽が洗い流し、その中で起きるすべての行為に赦しを与え、祝福する。

そんな宗教儀式に通じる神秘性がある。妙見島は、江戸川のモン・サン＝ミシェルだ。そこは外界と隔絶された祈りの場だ。

東京23区の果ての島で、孤独を包み込む恍惚にふれ、すっきりした思いで部屋をあとにした。

「ステーキピラフ、とてもおいしかったです」

「はは。ありがとう」

「あの、いま幸せですか？」

とっさに、その言葉が口に出た。

「幸せだよー！」

あまりの力強さに、思わずさらに聞いた。

「なぜですか?」

「だって、ここに来る人は、みんな幸せそうなんだもん」

「ああ……」

「そりゃそうでしょ。ここに、不幸せそうに来る人いる? いないでしょ。やることやりたくて来るんだけど、みーんな幸せそうなの。人の幸せを見てたら、幸せでしょう。そりゃ自分のこと不幸と思ってたら　人の幸せを幸せって思えないかもしれないけど……」

「けど?」

「まぁ、別居とかしたこともあるけど……。わたしは夫とラブラブだから! ははは!」


外に出ると、あたりは深いブルーと紫の世界につつまれ、来た時にはまだついていなかった看板のLEDがレインボーの光を放っていた。浦安橋付近に忽然とあらわれるその場所に、人は幸せをかみしめにいくのだ。

対岸から闇に包まれた島を見ると、アスコン会社の寮の部屋にはあかりが灯っていた。夕食を食べているような部屋、男がただボーッとテレビを眺めている部屋。いくつもある、同じ形の窓の中で演じられる、それぞれまったく異なる、ただただ普通の営みに、胸が締め付けられるような愛おしさを感じた。

　幸せとは何か。愛する人とうまくいかずに味わう孤独も、信じる価値を否定される挫折も、それでも思いをつらぬくことで味わう貧窮や侮辱すらも。そうした、ままならない人生すべてを肯定できる強さを持つことだ。

　その過程で生じる軋轢や不安から逃げてはならない。あくまで、そうした場に身をおきながら、考えをつきつめることで、自らにゆるがぬ結界が生まれる。時にそれは、思考においてだけではなく、もっと体験的な地理的結界であることさえある。

　市中の山居に住みたい。

　東京23区の島へ行きたい。

　それはそうした思いの発露なのかもしれない。

　そして、そうした状況の中でも、ゆるがぬ思いの向かう方向を示す確かな指針を見失わぬことが大切だ。かつて漁師たちがつねに心のよりどころにした、不動の妙見のように。

　これまで東京23区の島で出会った人々は、どこか、東京の異界を生きていた。思うようにすべてがうまくいったわけでもない。人と同じ生き方にどうしてもなじめず違う生き方に幸福があると信じた人もいた。

だが、そうした生き方は、一筋縄ではいかない。苦痛をともなう。けれど、向かうべき目的地は、決して定まっていないわけではない。苦しみの中、進んでいかなければならない。心地よさの中にいるだけでは、決して人と違う道、新たな道は歩めない。

「苦しみ働け、常に苦しみつつ常に希望を抱け、永久の定住を望むな、この世は巡礼である」

幸せとは何か。そうした苦節にみちた巡礼の中で、出会う人々を、それでも心のそこから祝福できる。それを「幸せ」というのだと思う。

「あけぼの湯」をあとにすると、ゆうに20時を越え、外食できるような店はすべて閉まっていた。

不幸せとは、この程度のことだ。

285

江戸川区

妙見島

主要参考文献

・佐原六郎編著『佃島の今昔＝佃島の者価値文化＝』雪華社会
・高崎哲郎『技師・青山士の生涯―われ川と共に生き、川と共に死す』
・横尾惣三郎『わが半生を省みて』（農民講道館 出版部）
・横尾惣三郎『如何にして農村は更生するか』（農民講道館　流汗會）
・内野創『京浜島工業団地の土地利用動向と今後の整備方策に関する研究』
（東京都京浜島工業団地協同組合連合会）
・東京都品川区教育委員会 編『品川区資料13　品川の地名』（品川区教育委員会）
・東京都港湾局『東京港史』（東京都港湾局）
・里勇勇・藤沢康文・五十嵐美穂「大森ふるさとの浜辺整備事業
――事業実施と合意形成のプロセス―」、『海洋開発論文集』第20巻（公益社団法人 土木学会）
・東京都下水道局「下水道事業の歴史」、『東京都下水道局事業概要（令和2年版）』
（東京都下水道局ＨＰ）
・山本周五郎『小説の効用・青べか日記』（光文社）

島を訪れた年月

第1章	佃島（朝）	2020年6月
第2章・第3章	佃島（昼）	2020年9月
第4章	城南島	2020年7月
第5章	中之島	2020年10月
第6章	中の島	2021年3月
第7章	佃島（夜）	2013年7月
第8章	京浜島	2013年4月
第9章	勝島	2013年4月
第10章	平和島	2021年3月
第11章	昭和島	2021年3月
第12章	月島	2021年6月
第13章	妙見島	2021年5月

※島の様子は訪問した当時のものです。

都会の異界
東京23区の島に暮らす

発行日
2021年7月14日　第1刷発行

著者―――高橋弘樹（写真・文）

デザイン―――新井大輔
イラストレーション―――丹野杏果
編集―――松本貴子（産業編集センター）
発行―――株式会社産業編集センター
〒112-0011
東京都文京区千石4丁目39番17号
TEL 03-5395-6133　FAX 03-5395-5320
印刷・製本―――萩原印刷株式会社

ISBN978-4-86311-304-6　C0095